KPMGコンサルティング株式会社【編】

RPA
Robotic Process Automation

導入ガイド

- 仕組み
- 推進
- リスク管理

中央経済社

はじめに

「2020年には年10万時間分の業務削減を目指す」
「手作業の定型業務を自動化する取り組みを試験的に開始」
「テクノロジーを活用してワークライフバランスを実現」
　連日のようにRPA導入についてのニュースが届いており，業務効率化のソリューションとして，RPAは社会的に認知されたようである。
　いま，生産性向上に対する要請，また少子高齢化による働き手の減少と働き方改革といった労働環境の変化の両面から対応を迫られているため，その答えのひとつとしてRPAに注目が集まることは必然なのであろう。さらに，社員が多くの時間をかけて解決する方法を多用するような，社員の労働に対するコスト意識を素地としているので，RPAの導入効果を上げる余地は大きかったのかもしれない。

　人の作業をロボットに置き換えることで，人は判断を伴う領域に注力することになり，業務は均一ではなく内容により峻別される時代を迎えている。当然ながら，RPAは魔法のツールではないので，社内の業務すべてを自動化するのではない。これはRPAを考える際に注目すべき論点である。
　RPAに置き換えられる業務とはいったい何か，またRPAに置き換えられない業務は何であろうか。業務の自動化が急速に進展するため，すべてが取り込まれてしまう感覚を抱いてしまうけれども，近い将来では依然として人による業務がなくなることはないであろう。まだまだ自動化の将来は見えていないことが多くあり，期待は膨らむもののわからないことも多い。

このような状況のもとで自動化に取り組むのであるから，RPAや自動化を正しく理解することから始めるべきであり，広い視点でいま起きていることを鳥瞰するように捉えることが大事である。

まずは，RPAの効果を確保できるような適用場面は何であるか，またその限界はどこにあるのか，正しく理解することが必要となる。ひとつのアプリケーション・ツールの導入として片づけるのではなく，事業環境の変化に適合するための業務改革にまでRPAの活用を昇華できるかどうかである。既存の非合理的な業務の延命策としてRPAを活用するのではなく，業務プロセス自体の合理化と標準化を主題にするべきである。真に経営に資するRPA導入とするのは，それほど容易なことではない。

次に，一過的な成果ではなく，継続して将来にわたって機能させるためには，RPA導入に伴って発生する課題を整理して対処することが必要である。課題の想定では，現状だけでなく将来にも視野を広げて，発生の可能性，すなわちリスクの視点から検討することが大切である。RPAはプロセスの変更を伴うのであるから，経営管理にも影響するということを想像することができるかどうか。このように，リスクへの対応まで含めて，経営に資するRPA導入とすることは，さらに難しいチャレンジである。

本書は，第Ⅰ部でRPAの導入アプローチと導入を成功に導くための重要論点を考察している。さらに，第Ⅱ部においては，リスクマネジメントと内部統制の視点からRPA導入を考察している。

手作業を置き換えるということは，これまで作業に携わっていた人の手が空くということだけではない。複雑な作業にも対応できる人に代わってテクノロジーで処理するということは，もっと多様な影響を企業にもたらすのである。だからこそ，リスクマネジメントのアプローチを

適用してRPAの効果を相殺するような非効率や事故を防止することが大切なのである。

　効率化での効用を喧伝するRPAに関するニュースに加えて，次の段階での取り組みや成果を知らせる記事が届く日も遠くないであろう。時間の削減効果だけに終始するだけでなく，将来を含めた会社全体での最適化という観点も含むRPAの活用を実現するのである。

　これまでのRPA導入の振り返りと今後の活用を考えるために，本書が参考になれば幸いである。

　2019年3月

浅沼　宏

CONTENTS

はじめに／i

第Ⅰ部　RPA導入・運用のルートマップ／1

第1章　デジタルレイバーとしてのRPA ——— 2

第1節　いまさら聞けない「RPAとは」………………… 2
(1)　RPAの「待ったなし」感／2
　① 何が福音か／2
　② 何が脅威か／3
(2)　RPAが従来得意としてきた領域，苦手とする領域／5
　① 単純業務の自動化はもう「当たり前」／5
　② RPAは「使い手」，ERPは「使われ手」／8
　③ RPAの苦手領域こそ知恵の使いどころ／12
(3)　RPAの効果／13
　① 「休み方」ではなく「働き方」を本質的に変えるということ／13
　② 継続改善のワルツ～事故削減，時間削減，さらに自動化・改善を企画する／15

第2節　RPA適用領域の拡大 ……………………… 16
(1)　RPAの発展方向／16

① 処理量・複雑さの拡張／17
　　　② インプット／アウトプット形式の拡張／18
　　　③ 処理内容の高度化／19
　(2) 定型から非定型へ／20
　　　① 定型と非定型の分類／20
　　　② 定型に落とし込むのは難しい／21
　(3) AIの自動化適用／23
　　　① AIは「関数」である／24
　　　② 現在世に出ている技術の大半は「教師あり学習」モデルである／25
　　　③ データ収集のデザインは見落とされる重要ポイント／26
　　　④ 特有のメンテナンス＝追加学習が必要である／26
　　　⑤ 多くのAI技術はブラックボックスである／27

第3節　デジタルレイバー …………………………………… 28

　(1) ロボットと働くということ／29
　　　① パートナーとしてのロボット／29
　　　② マネジメントの3段階／30
　(2) RPA／AIがある世界での業務の構築／31
　　　① 技術ではなく，イシューから入ること／32
　　　② 既存業務を「無駄作業」と決めつけないこと／33
　　　③ ロボットと人の協業をデザインすること／33
　　　④ ロボットの運用を，単なる保守ではなく進化であると考えること／34
　(3) 骨太なデジタルレイバーとは／35

第4節　デジタルレイバーは誰のもの？ ………………………… 35

第2章　働き方改革の実践例～RPA導入実態 ── 38

第1節　概　　要 …………………………………………… 38

(1)　背　　景／38
(2)　事例・実績内容／39
　① 対象企業／39
　② 業界構成／39
　③ 企業規模構成／39

第2節　RPA導入の実態 …………………………………… 40

(1)　RPA検討・導入の目的／40
(2)　RPA導入アプローチ／41
　① 本番導入前にPoCを実施／41
　② RPAガバナンスの構築企業は5割弱／43
(3)　PoC実施体制や実施後の課題／44
　① 体制：すでに専門部門を立ち上げている企業が多い／44
　② 対象部門：PoC対象業務は効果が出やすい部門優先／45
　③ 業務数・期間：PoCは3業務3か月程度で判断／46
　④ PoC後の課題／47
(4)　RPAガバナンス構築体制／49
　① 体制：PoCと同様に専門部門にて実施／49
　② ガバナンス構築企業は未構築企業に比べて多くのシナリオを運用中／50
(5)　本番開発，運用・保守／51
　① 体制：PoCと比較してコストを抑える体制／51
　② 内製化割合は半数強／53
　③ ユーザー部門での開発・運用はばらつきがある／53
　④ RPA導入体制の人数／53
　⑤ RPA導入業務数／54

　　　　⑥　対象業務の傾向／54
　　　　⑦　開発期間・工数／56
　　　　⑧　連　　携／56
　　(6)　効　　果／57
　　　　①　定量効果／57
　　　　②　定性効果／59
　　(7)　成功のポイントと教訓／60
　　　　①　成功のポイント／60
　　　　②　苦労した点からの教訓／61

第3章　企画推進者としてのRPA推進のポイント ── 66

第1節　PoC？　パイロット？　問題はそれから……………66

　　(1)　最終形をイメージできないPoCは失敗する／66
　　　　①　PoCに適した業務，適していない業務／66
　　　　②　目的とゴールを明確に／68
　　(2)　大規模展開を見据えた作戦づくり／68
　　　　①　明確にしておきたいポイント／68
　　　　②　KPMGのフレームワーク／69
　　(3)　明確な意思のこもった「でき姿」とマイルストーン／71

第2節　骨太な導入の進め方……………………………………74

　　(1)　骨太な構想とは〜視座は高く，視野は広く／74
　　　　①　導入ターゲット／75
　　　　②　プロセス・組織・テクノロジー／76
　　(2)　骨太な導入に必要な導入プロセス・組織体／76
　　　　①　プロセス／76
　　　　②　組　　織／79
　　　　③　テクノロジー／79

(3) たくさん作ればいいというものではない～開発の優先順位づけ
　　　　／80
　　　　① 導入効果／80
　　　　② 導入難易度／82

第3節　骨太な開発の進め方 ……………………………… 83
　　　(1) 作り手を見極める／83
　　　　① ヒアリング・要件定義／83
　　　　② 設　　計／85
　　　　③ 開　　発／85
　　　(2) 外製か内製か／85
　　　(3) 標準化か部品化か／88

第4節　骨太なロボット運用と保守 …………………………… 92
　　　(1) RPA運用保守を強力にドライブする中枢組織／92
　　　　① RMOとは／92
　　　　② RMOの役割／94
　　　(2) RMOは運用保守のコントロールタワー／95
　　　(3) さらに広がるRMOの業務内容／96
　　　　① 開発されたロボットの品質管理レビューへのRMOメンバーの参画
　　　　／97
　　　　② 開発者のノウハウ／Tips共有の場へのRMOメンバーの参画／97

第4章　業務ユーザーの関わり方 ──────── 100

第1節　RPAを「ユーザーのモノ」にしてもらうために …… 100
　　　(1) ユーザーと企画推進者の役割分担／100
　　　(2) ユーザーを「お客様」にするな／102
　　　(3) ユーザーを「その気」にさせるために／104

第2節　ユーザーと考える「ロボットとともに働く姿」……… 105

- (1) ロボットとの共存とは〜気持ちのよい朝の始まり／105
- (2) 私もロボット化したいです……／106
- (3) 案件発掘のコツ〜まずロボットを理解しろと言われても／107
- (4) 進め方の手引き／108
  - ① パイロットロボットの構築／108
  - ② お披露目会の開催／109
  - ③ ロボット伝道師の発見と育成／109
- (5) 発掘された案件をどう管理するか／111

第3節　ユーザーでもロボット開発できる？ ………………… 112

- (1) ユーザー部門でのロボット開発〜とある1コマ／112
- (2) ユーザー部門で開発するメリット／113
- (3) ユーザー部門は何でも作っていいのか？／114
- (4) CoEがフォローすべきこと／116
  - ① 運営環境提供／116
  - ② 技術支援／117
  - ③ ヘルプデスク／117
- (5) ロボットが止まった時の対処を考えておく／118

第4節　ロボットができてからがPDCAの本丸（運用／保守）……
118

- (1) 次から次へ生まれる「改善」のサイクルを創る／118
- (2) 「業務」を忘れるな／120

第5章　情報システム部門が備えるべき視点 ── 121

第1節　情報システム部門への期待〜PoCから本格導入への遷移 ……………………………………………………… 121

第2節　RPAサポート体制 ……………………………………… 122
(1) サポート体制／122
(2) インシデント対応の優先度／124
(3) 技術者教育体制／125

第3節　ライセンス管理 ………………………………………… 127
(1) アジャイル開発の実際／127
(2) ライセンスの発行・更新／129

第4節　アカウント管理 ………………………………………… 130
(1) ロボットに与える権限／130
(2) アカウント設計方針／131

第5節　統合管理 ………………………………………………… 132
(1) 統合管理サーバーの価値／132
(2) RPAツールの管理限界／133
(3) 気をつけるべき非機能要件とは／135
(4) 野良ロボットの防止／136
(5) メタ情報の管理／138
(6) インフラの全体像の絵を描くべし／139
(7) システム変更対応／140

第6節　RPAモニタリング ……………………………………… 142

(1)　情報システムからユーザーへ情報を提供／142
　　　(2)　システムログの価値とは／143
　　　(3)　資産稼働率の提供／144
　　　(4)　そのロボット，生きていますか？／147
　　　(5)　ロボットの生産性とは／148
　　　(6)　開発・運用の生産性情報／150
　　　(7)　障害管理から「生涯」管理へ／151

第Ⅱ部　RPAのリスク管理／153

第1章　RPAとリスク ——— 155

第1節　RPAのリスクが軽視されがちな理由 ……… 155

第2節　RPAに関わるリスクと関連する業務の例 ……… 156

　　　(1)　RPAの品質と機能に関わるリスク／156
　　　(2)　システム連携に関わるリスク／157
　　　(3)　RPAで処理するデータのセキュリティに関わるリスク／158
　　　(4)　業務の中断に関わるリスク／159
　　　(5)　RPAの管理に関わるリスク／159

第3節　RPAリスク管理の重要な領域 ……… 160

　　　(1)　内部統制報告制度に関連する業務／161
　　　(2)　個人情報を取り扱う業務／162
　　　(3)　中断の許容時間が短い業務／163

第2章　RPAリスク管理の実務 ───── 164

第1節　RPAリスク管理の全社的な取り組み ………… 164
  (1)　文書化／166
  (2)　役割と責任の明確化／167

第2節　内部統制報告制度への対応 ………… 168
  (1)　内部統制報告制度に関わるリスク管理の要件／168
  (2)　内部統制報告制度への対応のポイント／173
    ①　業務処理統制／173
    ②　全般統制／175

第3節　個人情報の保護に関わる対応 ………… 177
  (1)　個人情報を取り扱う業務におけるリスク管理の要件／177
  (2)　RPA導入における不正アクセスリスクの要因と影響／180
  (3)　情報保護対策見直しの手順／182
  (4)　論理的な情報保護対策／182
  (5)　物理的な情報保護対策／184

第4節　中断の許容時間が短い業務における対応 ………… 185
  (1)　業務継続管理の基本／185
  (2)　RPA停止の要因と影響／188
  (3)　RPAに関わる業務継続管理のポイント／189

第5節　RPAリスク管理の高度化と効率化 ………… 192

おわりに／199

第Ⅰ部

RPA導入・運用のルートマップ

第1章

デジタルレイバーとしてのRPA

第1節　いまさら聞けない「RPAとは」

(1)　RPAの「待ったなし」感

70％。

2020年にRPAを導入しているといわれている企業の割合である（TMR Analysis IT Robotic Automation Market 2016, p.40）。わけても金融機関の進展は目覚ましく，2018年夏の時点でメガバンクはもちろん，大手地銀も続々とRPA導入による業務最適化，効率化に着手しており，また効果を創出しつつある。これは一般的な企業にとって福音であるが，それ以上の脅威になりうると筆者はみる。それはなぜか。

①　何が福音か

RPAを導入している，あるいは導入しようとしている企業にとって，RPA市場の進展は導入対象ソリューションの幅を広げ，自動化対象はより広く，また導入にかかる作業はよりわかりやすく，安易になっていく。このことから企業は，より簡易にその導入活動を開始することがで

図表 I-1-1　RPAの市場は急速拡大

2020年には70%の企業に導入される

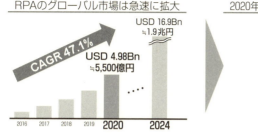
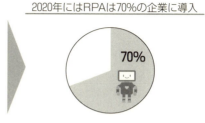

き，いち早くその果実を得ることができる。こうしたことはあらゆるメディアが連日伝えており，技術の進歩は明らかに経済に好影響をもたらす印象を植え付け続けている。しかし，われわれはその裏側の脅威に目を向けなければならない。

② 何が脅威か

まず企業のブランドイメージ，IRの面からみても，RPAの導入を逡巡している企業にとって，競合先が次々にRPA導入の進行をプレスリリースしていくことで効率化の波に乗り遅れ，世間からは遅れている印象を与えられてしまう。また，競合企業が自動化・効率化を果たしていく中で自社がそのベクトルで劣り，相対的に企業の効率性に差をつけられてしまうことは，現今の多様かつ競争の厳しい環境下では大いに危険をはらむ。

一方，資金調達の面では，大手銀行が先行していることが脅威となる。

近い将来を想像してみよう。あなたが銀行の担当者だとして，その銀行ではすでに当たり前にRPAが運用されており，手作業，単純作業の大部分は人間の手を離れて自動化されているとしよう。そんなある日，とある企業の財務担当役員から翌年度の資金計画について相談を受ける。

その企業は伝統的な製造業で，非常に堅実な経営をもって知られ，財務内容もそう悪くないが，近年グローバル競争で苦戦しており，資金繰りが厳しくなりつつある。役員が提示した事業計画，中計はさまざまな施策を雄弁に語っており，一見バラ色に見えるが，あるパーツが不足しているような気がする。何が不足しているのか改めて見てみると，どうやら業務の効率化による人員のスリム化，高付加価値業務へのシフトといった施策につき，具体的な内容が示されていないのだ。

　あなたは，その役員からこの事業計画内容についてヒアリングすることにし，その場で問う。

　あなた「この施策では，どんな具体的な内容をお考えですか」

　役員「現場の小集団活動からアイデアをひねり出してなんとかします」

　あなた「御社の事務処理作業はここ20年来同じシステム，同じプロセスで，現場の工夫をもって最適化しているという認識ですが，正しいですか」

　役員「はい，おっしゃるとおりです。現場のアイデアと経営判断で最適を保ってまいりました。システム更改については投資に見合う効果が見出せず，また投資する資金もなかなか厳しく，課題となっています」

　こう聞いて，あなたは違和感の正体に気づく。

　「業務の自動化にRPAを用いるのがもはや普通ですが，御社の今後の導入計画をお聞かせください」

　役員は少しの沈黙ののち，言い訳めいたコメントをたどたどしく継ぐ。RPAについては知っていて，いくつか試してみたが，本格的に効果を創出するに至っておらず云々。

　いかがだろうか。ここで銀行の担当者は，自社では普通に導入・運用されているRPAが，融資先で十分に動いていないという事実を突き止め，それは以下のように印象づけられた。

- RPA運用の目途が立っていないことで，競合先に対して劣位にある。
- RPA導入運用について企業の課題として優先順位が低いと推察する。このことで先進性，成長性，将来の資本の健全性に疑問符がつく。

 これは銀行にとっても，企業にとっても財務活動をスムーズに行うための障壁になる。また，銀行の担当者であるあなたはこうも思うはずである。

 今まだお試し段階にあるとして，いつごろこの企業は変われるだろうか。銀行でも，RPAを導入するという企画が持ち上がり，お試し導入から実際に多数の業務が自動化されて運用されるまでにはそれなりの期間を要した。そのことについて役員に問うと，役員はこう答える。「これからの話だと思っていました」。

 いや，違う。RPAの本格運用は「これから」の話ではなく，「もう」そこにある「脅威」なのである。

 本書は，このような脅威に抗い，闘い，克服しようとするあなたに捧げたい。

 RPAの導入，運用およびそこから発展した業務改革，先端技術の導入に実際に関わってきたわれわれの体験を共有し，いかに成果を実現するかを体験していただきたい。

(2) RPAが従来得意としてきた領域，苦手とする領域

① 単純業務の自動化はもう「当たり前」

 RPAの自動化対象，というとどのような業務を思い浮かべられるだろうか。ERPシステムからデータを読み取り，エクセルの表に転記し，

図表 I-1-2　単純業務の自動化イメージ

そこで集計や成形を加えて、また違うシステムに転記する。またその転記内容に過不足がないかチェックする。こうした一連の作業は従来、RPAの得意とするところといわれてきた。確かにRPAはデスクトップでシステムに触れ、データを抽出し、集計、検証、入力といった作業を得意とする（図表 I-1-2）。また、この一連の流れをいわゆる「ノンプログラミング」で実現できるのがRPAの特性でもある。

　では、逆に従来不得意とされてきたところは何だろうか。代表的なも

のとしては以下の3点が挙げられる。

・不定形のデータ
・不定形の手順
・RPAソフトウェアの触れないアプリケーション

　まず従来のRPAでは，インプットデータはすべて「データ化」されており，そのデータは定型で提供されていることが要件となる。手書きデータや音声データはフォーマットが決まっていても利用することが難しい。また，デジタルデータであっても，その場所や用法が異なる場合，RPAのインプットとして利用することは難しい。

　手順については，従来のRPAでは定型作業の自動化を旨とするため，毎回処理手順が変わるような非定型の作業，毎回多種多様のインプットをもとにしてルール化できないような人の判断をはさむ作業については，RPAでの処理は難しかった。

　また，RPAはあくまでPCで既存のアプリケーションを操る役割を与えられるものなので，そもそもRPAが認識できないアプリケーション，例えばレガシーなCOBOLやFORTRAN，マシン語で組まれたソフトウェアの一部や汎用的なOSで走らないソフトウェアについては操作することができない。

　逆にいえば，「データが定型で」「手順をルール化でき」「RPAソフトウェアが触ることができるアプリケーション」を利用していれば，業務の内容を問わず自動化ができるのがRPAの特徴だ（図表Ⅰ-1-3）。多くの企業ではこうした特性の業務を洗い出し，順次自動化するという手法をとっている。

図表 I-1-3　RPAの適用対象

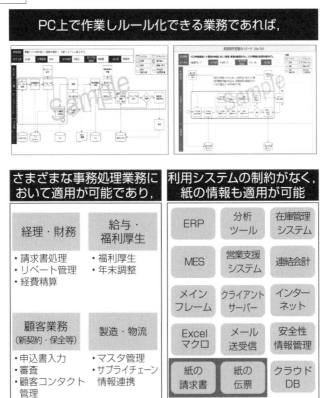

② RPAは「使い手」，ERPは「使われ手」

　RPAを「システム」として捉えるかどうか。PC上で動作するソフトウェアという一点からは「システム」といっても間違いではないし，人間の業務遂行を便利に効率的にする道具であるといって間違いない。ただし，従来のERPパッケージに代表される業務システムは，いわば「使われ手」であり，それを人が使うことを前提として作られている（図表 I-1-4）。

図表Ⅰ-1-4　RPAと従来のERPの違い

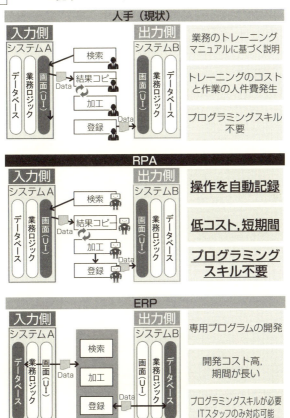

　これに対してRPAは，これら業務システムを利用する人の代わりに動くものであり，「使い手」である。ゆえに，デジタルレイバーと呼ばれる。このことから，両者の設計思想，活用の仕方については大きな違いがある。
　ERPはどんな人が，あるいはロボットが手を触れても一定の作業をし，決まったアウトプットを出す。より多くの人に恩恵をもたらすため，その作業は高度に標準化されている必要があり，また企業活動の根幹を成

すためにあらゆる間違いが許されない。また，システムの構築には多大な期間と費用を要するため，なるべく将来にわたって改修や更改が発生しないように作りつけるのが王道ということになる。ゆえに，他システムとの連携や，外部からの情報取得についてはERPパッケージに内包しない方針，いわば最大公約数を目指すことが常である。

ここで注意したいのは，業務が標準化される際には，標準化されてしまった側の業務の一部がどうしてもシステム外処理に残ってしまうことだ。

ERPパッケージに手を加えて導入することは，その追加開発作業に多額の費用を要するし，毎度のバージョンアップのタイミングでその追加部分のお守りが必要になる。そのため，ユーザーが望む業務を実現するためのパッケージへの機能追加は厳しい実行可否判定会議にかけられ，多くはその場で見送り宣告を受ける。簡単な帳票の出力や単純な数値集計に何百万，何千万の開発投資，その後の保守費用の増加が見合わないと思われるからだ。見送られた機能たちはユーザーの自助努力で埋めるしかなく，簡易ツールの開発や，最悪手作業での処理が残ることになる。ERPパッケージは標準であることが価値であり，それゆえ本質的に「使われる側」の道具の域を出ることがない。

一方でRPAは，複数のシステムにわたって情報にアクセスし，処理する役割を与えられるものであり，人間の代替である。RPAは画面を開き，ボタンを押し，出力内容を記憶して別のシステムや表計算ファイルに転記したり，集計したり検証したりする。この役割は人の動作と同様である。

あなたの部署に新人が来たとしよう。あなたはその新人の教育担当に任ぜられた。あなたの任務はその新人を含めて部署の業務効率を最適に保ち，さらに改善することになる。この際，新人に任せるべき仕事を定義し，必要なシステムへのアクセス権を設定し，新人に使い方を教え込

む。従来の担当者，あるいは自身の業務処理内容のうち，新人に担当させる業務を整理して切り出し，やって見せて，やらせることになる。その結果を見ながら指導を加えて徐々に業務効率を上げていくのが普通だろう。「使いにくいからシステムを改修しよう」とか「従来のやり方を変革して効率化しよう」という発想になるだろうか。時間効率を考えると，そうした選択肢はとりにくい。

　デジタルレイバーとしてのRPAは，まさにこの新人と一緒である。ただし，彼らは人間と違って，教えられた動作を完璧にミスなくこなすこと，仮に教えられた内容が間違っていればその間違った指示を忠実に実行し続ける。

　デジタルレイバーを利用者の意図どおりに動かすためには，それなりに時間をかけて教育する必要がある。彼らは指示に忠実に仕事をこなすが，指示を出す側が彼らに指示を出すことに慣れていないからだ。具体的には，あなたがデスクトップで行う作業をRPAソフトウェアに「録画」させ，RPAソフトウェアはそれをソフトウェアの処理に「記録」する。これで一通りの業務をRPAソフトウェアに覚えさせることは完了するが，人間の業務はどれほど一見単純に見えても場合やタイミングによって少しずつ画面の扱いやボタンの押し方，順序などが違ったりする。いかに単純な作業であっても，この明細度でRPAソフトウェアに記録する必要がある。

　そこであなたは，何度か繰り返しデジタルレイバーの仕様，すなわちあなた自身の作業指示を明細に整理する時間を必要とすることになる。こうしてはじめて単純作業を大得意とする，残業代も労務管理も必要ない，それでいてあまたの社内システムを使いこなすデジタルレイバーが出現することになる。

③ RPAの苦手領域こそ知恵の使いどころ

　こうして構築され，稼働し始めるデジタルレイバーだが，従来のRPAソフトウェアでは，前述したように非定形のデータや非定型の手続きを要する業務処理は得意でない。では，デジタルレイバーは極めて単純な作業にのみ適用していればよいのか。もちろん否である。

　例えば，デジタルレイバーによって夜間に1,000件の登録処理を行いたいが，実はその登録のインプットとなる帳票のうち600枚は一部非定型フォーマットで，RPAソフトウェアが読み取って処理するのが難しい，といったことが明らかになる。これに対して，ではその600枚のうちなるべく多数を定型フォーマットにできないか，その帳票の出元と調整しよう，といったアイデアが出る。

　またある時は，1日500件の平文の問い合わせ情報がユーザーから寄せられて，これを人間が振り分けて後続に回すといった処理がある。多大な工数を要するわりに生産性が低く，ぜひ自動化したいが，この振り分けをしている担当者はこの道10年のベテランで，その判断を機械化することは難しい，といった案件がある。典型的な「自動化不向き案件」である。ここで案じるのはそのアウトプットである。結果としてどのような案件がどの処理に回されたのか，という結果から解析すると，特定のキーワードが含まれている際に，あるシステムを利用して情報を検索し，その結果をもってどの部署に回されている，だとか，平文で回されてくる問い合わせ情報につき一定のフラグを付けていくと多くが自動的に振り分けられる，といったことがわかってくる。デジタルレイバーの導入に不向きと一見思われる業務処理についても，この明細度で現状業務を整理することで見えてくるものは少なくない。

　このように，ある程度の知恵を使って一見，自動化できないと思われる領域を整理し直して，あるいは周辺業務を整理して自動化する，とい

う方法がある一方，明細は（後段に詳述するが）目覚ましく進歩しつつあるAIソリューションを用いることで非定型のインプットをデジタル化，定型化してしまうという方法論もある。

例えば非定型データの代表格は手書き文字だが，2018年現在で両手にあまるソリューションがリリースされている。また，これらのソリューションでは非定型フォーマットの文書から的確にデータを抽出する機能を持っているものもあり，これらを活用することで自動化の幅は広がっていく。今求められるのは「非定型を定型に整理し直す」スキルと，こうしたAIソリューションの機能・効用を知っておいて，場合によって適切に使い分けることである。こうしていくことでデジタルレイバーは本来期待された，あるいはそれ以上の効用をあなたにもたらすことができる。

(3) RPAの効果

① 「休み方」ではなく「働き方」を本質的に変えるということ

働き方改革という言葉が世に出回って久しい。いわく，有給休暇の取得率の向上であり，残業時間の削減であり，いかに人を休ませて心身の健康を維持向上させるか，ということが焦点に見える。少なくとも見かけ上は。

しかし，本質的な働き方改革はこうではない。真の意味で働き方を変えるには，会社の基本的な制度や業務内容に手を付けなくてはならない。ノー残業デーを設けたり休暇の取得奨励をするのは対症療法的で効果に限りがある。会議の目的を明らかにして無駄な会議を減らしましょう。大いに結構だが，会議の外で費やされる時間が増えてはノー残業デーに早出することになる。

この会社の基本的な制度や業務内容を変えるチャンスを，デジタルレイバーはもたらすことができる。前述したように，デジタルレイバーはその導入の過程において，あなたの企業の業務を白日のもとに曝す。そして，忠実にそれをなぞっていく。

　さて，そこで得られるアウトプットがポイントになる。ここで得られるのは「現状業務を」「明細かつ克明に」「RPAソフトウェアが理解・解析可能なフォーマットで」整理されたドキュメントである。通常，現状業務フロー，処理手順，またこれをRPAソフトウェアのフォーマットになぞらえた処理ファイルといったセットが生み出されることになるが，この整理の過程で，担当者の頭の中あるいは机の中，PCの中にのみ存在した業務の処理手順が断然明確になる。利用者にとって，こうすることでデジタルレイバーの稼働に一歩近づくことになる。

　もし，あなたが働き方改革の旗手だったらどうだろうか。こうして得られた現状業務の姿を改めて冷静に眺めてみると，そこには多くの気づきが，示唆が，転がっているのではないだろうか。

　デジタルレイバーの利用者が新人の教育係ならば，より早く稼働させるために現状どおりの業務，システムの使い方を教え込むだろう，と前述した。では，そうでなかったら。働き方を本気で改革したくて今のあなたの会社の仕組みや業務の手順に手をつけたいと心底願ったとするならば。そう。これほどよい材料はほかにない。自動化を企図して個別の業務を整理していく副産物が，より広い視野での改革の材料となり，さらにこれらを統合していくことでボトムアップ型のBPRに結実していくのである。BPRにはトップダウン型とボトムアップ型があり，という講釈をするつもりはないが，いずれもが必要なピースであることは議論をまたない。ただ，こうして個別の業務自動化，効率化活動を推進していくことを通して，より幅が広く，かつ深いところまで手が届く改革活動に着手できるのが，デジタルレイバー導入のもう1つの大きな効果であ

る。

② 継続改善のワルツ～事故削減，時間削減，さらに自動化・改善を企画する

　デジタルレイバーはミスを犯さない。もちろんデジタルレイバーに対する指示が正しいことが前提ではあるが。よく，デジタルレイバーが用いられるシーンとして，従来人間が手掛けてきて処理ミスの発生頻度が高い業務，あるいは顧客に触れる部分でのミス，いわゆる事故が発生しやすい状態になっている業務がある。成長している企業によくみられるが，企業の成長スピードに対して事務処理作業が追い付いていかず，あるいは必要な人員が配置されないために人為的ミスの件数，発生率ともにじわじわと増えてしまい，将来が危ぶまれる。

　ミスを犯さないデジタルレイバーに代替させることで事故は減り，事故が減るとそもそもの業務時間が減る。また，事故に付随した「再発防止策の検討」や「始末・顛末書の作成・回覧」といった時間が軽減される。

　こうして軽減された時間で，さらにほかの業務のミス・事故の低減を目指してさらなる自動化・改善を企画する。

　このワルツを続けることで実際に事故ゼロを目指している企業は実在するし，今後も増えていく。こうすることで，事故は線形ではなく級数的に激減していくことが期待されている。これもデジタルレイバーの典型的な効果の例である。

第2節 RPA適用領域の拡大

(1) RPAの発展方向

　前章で見たように，RPAの基本的な適用イメージとしてまず想起されるのは，コンピュータを用いた単純な作業を自動化することである。ここでいう「単純な作業」とは，人が行うのが容易（だが量が多い），という意味ではない。この点は誤解が多いポイントだが，作業が自動化の対象になるということは「手続き化できる」ということを意味する。およそ手続き化できる工程というものは，RPAの適用対象となりうる。それだけであれば「エクセルでいいではないか」「専用のアプリケーションを使えばいいではないか」という声もあろうが，RPAの強みは，画面上で人が行う操作をそのままトレースできる，という点にある。例えば，定期的に送られて来るメールに添付されているファイルを特定フォルダに保存し，かつそれを開いて，受信日時と一定のセルに入力されている値を決まったファイルに書き足す，というようなことが可能となる。

　典型的なRPA導入の進め方としては，まず自動化対象業務をアンケートやヒアリングを通して洗い出し，その中のさらに細かく絞り込んだ一領域を自動化対象として見出して開発する，という流れがある。あなたは苦労しつつここまでのプロセスを丁寧に進め，いくつかの断片的な作業については自動化できる見通しが立ったとしよう。そこで，こう思うかもしれない。「さて，ここからは本格的にロボットの数を増やしていけばいいだろう。そのためには，現在は自分の担当課に限定しているロボット開発を他課にも広げて……」

　だが，少し待ってほしい。その前に，1つ高い次元で考えるべきこと

| 図表 I-1-5 | RPAの発展方向 |

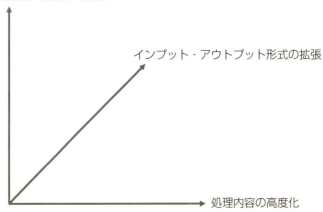

がある。それは、ロボットの開発を拡大する際にどういう方向を目指すか、そのためのプランニングである。

大まかにいって、RPAの機能を発展させていく方向は3つある。1つは処理量・複雑さの拡張、1つはインプット／アウトプット形式の拡張、1つは処理内容の高度化であり、いずれの方向にもそれぞれの困難がある（図表 I-1-5）。

① 処理量・複雑さの拡張

まず処理量・複雑さの拡張だが、これは少数のアプリケーションにまたがる単純なプロセスを、より多くのアプリケーションをまたいだ大規模・複雑なプロセスに発展させることを意味する。別のいい方をすれば、断片化した機能を大きく統合して一気通貫にするということでもある。扱うアプリケーションの数が増えてプロセスが複雑化するにつれ、ロボットを管理するためのノウハウは不可欠になる。例えば、ロボットの数が増えるにつれ、よく使う機能・稀にしか使わない機能の別が出てき

て，いったん作ったはいいものの，ほとんど手がつかず放置されているものがかなりの数ある，という話に聞き覚えはないだろうか？　やみくもに対象業務を増やし，ロボットの数を増やすと，ある時点からこういったケースが頻発するようになってしまうのである。

そこで，「ロボットの人事」という発想が登場する。これは，ロボット1つひとつを，人と同じく最適に配置すべきリソースであると捉える考え方である。具体的には，一部の機能についてはモジュール化して共通部品として開発し，他のロボットはその部品を組み合わせつつ作るように変更する，といったように，全体における各ロボットの位置を睨みつつ，その役割を最適に割り振っていく，ということがこれに当たる。

さらに具体的な内容については第Ⅰ部の後半で詳述するが，1つ強調しておきたいのは，複雑さというのは放っておくとすぐに手がつけられないレベルになってしまうものだという点だ。一度自動化したプロセスを同じように複製していくだけでは，複雑なプロセスを管理する手間が，削減した手間を上回ってしまうことさえありうる。複雑さへの対処は，入り口の段階からケアしなければならない重要な視点なのだ。

②　インプット／アウトプット形式の拡張

次に，インプット／アウトプット形式の拡張とは，扱うデータを決まった形のデータから，より複雑な認知が必要なデータに拡張することを意味する。ここでは「定型」「非定型」という分類がなされることが一般的である。人間の目や耳を代替し，かつ大規模な情報を短時間で捉える技術を組み合わせることで，RPAの機能は単なる「自動化」を超え，より認知的（cognitive）・知性的（intellectual）な領域に踏み込むこととなる。イメージとしては，OCR（文字認識）技術を用いてプリントアウトした資料や手書きのペーパーを入力したり，音声認識技術を用いて人間とBotがやりとりできるようにしたり，画像認識技術を用いて大

量の写真から情報を抽出したり、といった具合である。

③ 処理内容の高度化

　最後に、処理内容の高度化とは、単に決まった手続きを手順に沿って確実にこなすことを超えて（これだけでも人間に完璧に期待するのが難しいほどの能力ではあるが）、機械による認知・判断・判定を機能に加えることを意味する。この分野は、昨今のAI・機械学習テクノロジーの進展を背景に進展が著しく、それゆえ個別技術も林立している状態だが、大きな流れとしては、これまでの「ルール」ベースの自動化を「学習＋推論」を用いた自動化に昇華させるものだといえる（図表Ⅰ-1-6参照）。

図表Ⅰ-1-6　RPA＋AIによる高度な自動化（Intelligent Automation）の概念

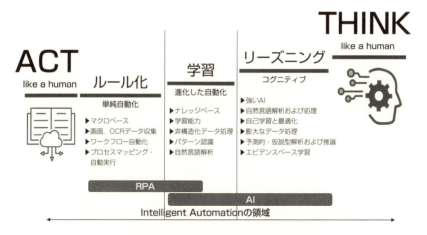

　昨今のAI・機械学習テクノロジーの進展を背景に、これらは部分的に実現しつつあるものの、本格的な機能の登場はこれからの研究の発展を待つ必要がある。
　このように、ロボットの開発を拡大する方向には複数の選択肢がある

が，この選択肢をどう組み合わせて拡大するのかという戦略がないと，無駄なコストが増えるだけの結果になる可能性もある。さらに重要なことは，人間のトップパフォーマーのパフォーマンスが高いのは，「作業が正確で速い」ことが理由ではない，ということを意識することである。他社に対して競争優位を持つ仕事は，その多くが複雑な認知・判断を含むものであり，単純な自動化は容易ではない。RPA開発の現場において，「人の判断が多いから」「非定型のインプットだから」は，適応領域を狭める際にいわれる2大選手だが，それでもこれを免罪符にしてしまったのでは，競争力のある展開を見込むのは難しいだろう。

(2) 定型から非定型へ

前節で述べたように，規模の拡充をRPA発展の第1のベクトルとするならば，インプット／アウトプット形式の拡張は第2のベクトルである。本項ではこれを少し詳しく見ていこう。

① 定型と非定型の分類

RPAのタスクを考えるとき「定型」「非定型」という分類がなされることが多い。まず「定型」作業だが，一般的なイメージは，基幹システムからデータを抽出し，これを集計，整形して別のツールまたはシステムに転記する，またその入力内容を別のデータと照合してチェックする，といった作業である。つまり，インプットもアウトプットもその形式が固定されていて，すべての作業・手続きが一定不変であるようなもののことを「定型」作業と呼ぶ。定型作業は，プロセスが固定されており，データ自体もすでに成形されたものを扱えるため，これをコンピュータが扱うのは非常に自然な流れということができる。

一方，「非定型」作業は，インプットがまずデジタルデータの形を成

していなかったり，あるいは決まった場所・位置になくインプットの取得元を毎回人間が指定しなければならないような作業のことである。画像を読み取ったり，人間の話す声を聞き取ったりする必要があるケースはこれに当てはまる。また，インプットだけでなく，プロセス自体の非定型性というものも考えられる。これは，手続きが一方通行でない（フローを書けない），認知的な判断を伴う処理のことである。したがって，大きく分けると，定型・非定型の分類は図表Ⅰ-1-7のようにまとめることができる。

図表Ⅰ-1-7　定型業務と非定型業務の分類

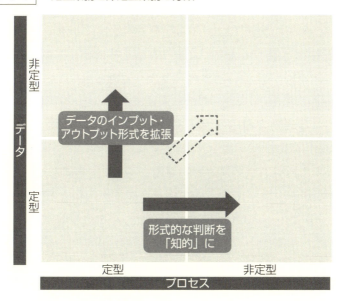

② 定型に落とし込むのは難しい

データ，プロセスのいずれの軸についても，非定型作業を自動化することは，定型作業を自動化することよりもハードルが高い。したがって，課題となっている業務について，まずは「可能な限り定型に落とし込め

ないか」を考える必要がある。

　ただし，現場の業務はどれも複雑で，この作業もいうほど簡単なものではない。よくあるのは，担当者自身がそのプロセスを明確に把握できていないケースや，状況に応じてアプローチを柔軟に変えながら対応せざるを得ないケースである。そもそも「自分が何を考えながら仕事をしているのか」ということについて，スラスラと過不足なく，初めてその作業を知る人に説明できるというのは相当の離れ業であり，聞けば答えてもらえると期待するのは間違いである。業務の定型化に取り組むときの最初の壁は，人がどれほど無意識・暗黙の領域で物事を判断しているかを知って愕然とする経験かもしれない。

　ここで一歩踏み込むべきは，「人間が」の部分について，一定のルールや判断基準が存在するかどうかを粘り強く解析することである。特効薬はないので，現場の担当者とのやりとりを何往復も行うことを織り込んでおかなくてはならない。このプロセスをいかに精緻に行えるかで，RPAが本当に実効性のあるツールとなるかどうかの半分が決まるといっても過言ではない。

　このように，RPAをプロセスに適用する際，一般的には「まずは定型でできないか」を考えることが定石となるが，そこまで頑張ってもルール化・基準の形式知化が人の手では難しい場合はどうすればよいのだろうか？　大量のコーパスをもとに発見的に基準を作るといったことは，むしろ人間にも困難なタスクである。

　これを実現する方策として，ベースとなるRPAの自動化テクノロジーにAI・機械学習のテクノロジーを組み合わせて高度化する方向がある。非定型のデータやプロセスを扱う技術も昨今劇的な進展を遂げており，実行可能な領域は拡大し続けている。次項では，これらを実現する基幹技術として，AI・機械学習のテクノロジーを概説する。ただし，この領域はまだ発展途上であり，何もかもを代替してくれる「万能知能」な

どは存在しないということを強調しておきたい。

(3) AIの自動化適用

　RPAを高度化する方策として，AIや機械学習といったCognitive（認知的）な技術を乗せる方向がある。具体的には，文字・音声・画像などのデータについて，自律的にルールを見出して処理に活かすことができる。逆に，例外・特異点を発見することで，これを除いて定型処理に落とすことができるのもまた，AIの特長といえる。こうした認知，学習，といった面をAIで構築し，プロセス全体の自動化をRPAに委ねるのがAIの自動化適用である。

　昨今の「AI」流行りはここのところ一周した感があるが，そもそもこの言葉はバズワードであり，ともすると「なんでもできる」と思われがちな側面が未だにある。「詳しくはわからないが，記事などを見るとAIのビジネス適用がどんどん進んでいるらしい。昨日の飲み会で，競合他社もついにAIを用いた業務の自動化，および人員の削減に踏み込むらしいという話を聞いた。ウチも何もしないで見ているわけにはいかない……」

　そこでまずは，AIで実際どんなことができるのか，まずは小規模で試してみようという話になる。これはAIのプロジェクトではPoC（Proof of Concept：概念検証）と呼ばれるフェーズなのだが，よくある失敗パターンは，このPoCでプロジェクトが終了してしまうケースである。筆者は複数のAIプロジェクトに参画してきたが，PoCでプロジェクトが終了してしまう最大の理由は，そもそもAIのビジネス適用を志した時点でAI特有の落とし穴が見えていないことだと思われる。したがって，まずは"難しい"という先入観を捨ててAI技術に対する正しい認識を持つことが肝要である。とはいえ，実は内側のアルゴリズムの数理的な

内容をすべて理解する必要はない場合が多い。重要なのは，AIという言葉からどういう構造を想像できるのか，そのフレームである。ここでは，最も基本的なポイントに絞って概説する。

① AIは「関数」である

AIという言葉は，特に日本国内では「人格」「自我」「意思を持った主体」というようなイメージで捉えられることが多い。だが，これは少なくとも現時点では誤りであり，AIとはむしろ「関（函）数である」と考えるほうが，見通しが立ちやすい。関数とは，いうなれば，入力を放り込むと出力を吐き出す「箱」である。少し形式的に書くなら，関数とは「input / process / output」からなる機能（function）である（図表Ⅰ-1-8）。

図表Ⅰ-1-8　関数のイメージ

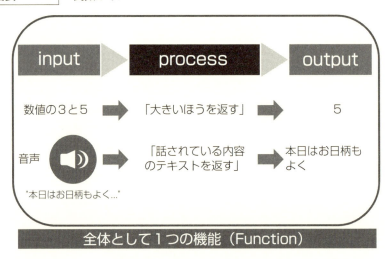

意外かもしれないが，このイメージを持つだけで，AIについての曖昧なイメージが明確になることが多い。「何がインプットで何がアウト

プットなのか」を形式化することで，漠然としたイメージを具体的に指定せざるを得なくなるからである。

② 現在世に出ている技術の大半は「教師あり学習」モデルである

さて，上述のとおりAIは広義の関数なのだが，これを使うためには，箱の中のprocess部分を学習する必要がある。そしてこのためには，大量の「教師データ」が必要である。教師データというのは，図表Ⅰ-1-

図表Ⅰ-1-9　教師ありと教師なし

① **教師あり** 応用例 多い ：「目的の値」のリストが大量に必要
② **教師なし** 応用例 少なめ ：「目的の値」のリストが不要

8のinputとoutputの組み合わせをたくさん集めたもので、AIはこれらの情報から教師データを実現しているパターンを学習する。

これは「教師あり」と呼ばれるモデルで、現在世に出ている技術の大半はこの教師ありモデルである。一方、教師データを必要としないAIもあり、「教師なし」モデルと呼ばれる（図表I-1-9）。

③ データ収集のデザインは見落とされる重要ポイント

AIが関数であること、その多くは利用するために教師データが必要なことを理解したので、いざ試してみようとすると、意外な落とし穴がある。それは「とりあえず手元にあるデータを使ってみよう」という誘惑である。結論からいうと、この流れは多くの場合、失敗する。その理由は、データというものには必ずノイズが含まれており、高度な技術を持ってしてもノイズの多い入力から適切なシグナルを取り出すことは極めて困難だからである。つまり、収集方法を適切に管理していない教師データというものは、一般的にノイズだらけでほとんど使い物にならない。

そこで、データ収集およびノイズの除去（クリーニング）をデザインするという観点が非常に重要になってくる。この点は見落とされることが非常に多いが、適切にノイズを除去されていないデータ（ジャンクなデータ）は、いくら大量にあっても多くの場合、役に立たない、という点は強調しておきたい。

④ 特有のメンテナンス＝追加学習が必要である

②で説明したように、AIを学習するためには教師データが必要であるが、世の中の多くの事象は変化し続けているため、教師データが古くなればAIの性能は低減する。つまり、AIは放っておくと徐々に精度が下がる。したがって、AIのメンテナンスには「再学習」というプロセ

スが不可欠であり，この部分は定常的にコストを産み続けることに留意する必要がある。この点をケアしておかないと，後から想定外の費用が累積的に発生し，最悪の場合はAIの利用を断念することになりかねないため，注意が必要である。

⑤ 多くのAI技術はブラックボックスである

AI技術の中身のブラックボックス性については十分な留意が必要である。ブラックボックスであるということは，「この部分だけちょっとだけこういう風に判定するように微調整する」，ということが困難であるということを意味する。

AIのモデルは複雑なので，1つのルールを置き換えることで改善する，というような手続きを踏むことができない。すなわち，結果がうまくいかなかった場合に後戻りするコストが非常に大きい。したがって，モデルが予期しない結果を出力するケースは必ずあると理解したうえで，どういうプロセスであればそのような予測できない挙動を許容できるのか，という点について，AI利用を検討する最初の時点で考え抜く必要がある。

筆者の経験では，PoCが失敗するケースの多くがこの問題に根ざしている実感がある。例えば，とりあえず数百万円をかけて2か月のPoCをやってみた。結果は，まぁこんなものかという程度で，開発者は「開発段階ではさらに精度が上がる」「使っていくにつれて精度が向上していく」と言う。このままでも業務に利用しようと思えば利用できそうではあるが，時々想定外の結果が出てくるケースがあり，なんとなく不安である。結果，いったんこのPoCの結果は成果として取っておこう，となるが，その後どうアクションしていいかわからず，そのままプロジェクトがお蔵入りになる。

このようなケースを避けるためにPoCの段階でしつこく確認するべき

なのは,「何が実現できた段階で現場適用するのか,その基準を数値で決める」ことと,「想定外の結果が出るケースをあらかじめ想定して,これをケアする仕組みの構築を最初からPoCに組み入れる」ことである。PoCをいかに突破するかは,AIプロジェクトを成功させるための最大の関門といっても過言ではない。

　ここまでAIをロボットに組み込むことの困難,およびその回避方法を解説してきたが,これをケアできれば大成功間違いなしかというと,そうでもない。実際,Deep Learningの登場以降,単発の「関数」としてAIを適用する事例は多くみられるものの,これを使ってこれまでとは一線を画す新たな仕組みを構築したという事例がまだ現れていない。

　その理由は,2つある。1つは,そもそもAIに「何が」「どこまで」「どの程度の初期コスト・管理コストで」可能なのかあらかじめ見通すのが難しいこと,もう1つは,AIが行うことと人間が行うことをどう切り分け,両者の仕事をどうやって組み合わせるのかを考える(AIと人間のコラボレーションをデザインする)仕事が容易でないことである。

　いかに高度な技術であっても,それを使う人間とうまくコラボレーションできなければ,効果は限定される。逆に,単純な機能であっても,人間とのコラボレーションをうまく設計できれば,劇的な効果を生む可能性がある。この点は,人と人が一緒に働く現場と何ひとつ変わりはない。ロボットを現場に活かすための最大の課題は,「ロボットと人間の協働をデザインする」ことである。

第3節　デジタルレイバー

　前節では,RPAの発展段階について触れたが,その発展の途上ではロボットと人間のコラボレーションをデザインする必要があることが見出された。本節ではより広く,ロボットと人間が一緒に働くというのは

どういうことなのか考えてみよう。

(1) ロボットと働くということ

① パートナーとしてのロボット

「ロボットと働く」といわれた時に，あなたはどういうイメージを持つだろうか？ 自分の業務がなくなってしまうのではないか，不要になってしまうのではないか，と不安に思うだろうか？ それとも，これまでやっていた大変な作業が楽になる，と歓迎するだろうか？ 新しい仲間を迎え入れるような気分だろうか？ それとも，得体の知れないものが入ってきて何ともいえない気持ちになるだろうか？

ロボットが本当の意味で社会に敷衍するにはまだ少し時間がかかりそうなので，ロボットと働くことについては，まだ誰もはっきりしたイメージを持っていないと思われる。ただ，海外のカンファレンス等に参加すると，特に日本人はロボットを擬人化して捉える傾向が不自然なほどに強いことをたびたび感じる。しかし，一般的にはロボットはツールであり，私たちの仕事の生産性を上げるための味方である（前節のAIの項で「AIは関数」だと書いたが，基本的な視点は同じである）。

では生産性とは何だろうか？ 少し固くなるが，ここでは生産性を以下のように定義してみたい。

　　生産性 ＝ 生み出す価値の総量 ÷ 価値を生み出すためのコスト

これを増大させる方向は2つある。1つは生み出す価値の総量（分子）を増やすこと，1つは価値を生み出すためのコスト（分母）を減らすことである。RPA ＝ 自動化というイメージが強いので，どうしてもコストを下げる方向ばかりに意識が向きがちだが，価値を増やすことは

生産性を上げるための手段であり，ロボットをこれに役立てる発想が当然あっていい。そこで，ロボットは人間の創造性・想像力をドライブするためのツールである，という考え方が可能である。実際，AIの先端の研究は，Transfer Learning や Imitation Learning や最適化アルゴリズムなどの個々の要素技術の発展と並行して，AIの判定理由を人間に説明可能・理解可能な形式で提示したり，ロボットと人間のインターアクションを促進するといった方向の軸ができつつある。これが意味するところは，未来の技術は単に面倒な操作を代替してくれる道具というのに留まらず，人間とのインターアクションの中で初めて価値を生み出すものだということだ。つまり，ロボットはツールであると同時に，仕事のパートナーである。

② マネジメントの3段階

そこで，「RPAを導入するのは新人を採用するのと同じ」だと考えてみよう。新人といってもいろいろである。単純作業向けの新人，経験者採用のように複雑な作業を得意とする新人，特定の領域に強い者，幅広

図表 I-1-10　マネジメントの3段階

レベル1	✓ 担当者ができる範囲のことを遂行し ✓ どうしても手に余る部分を他に任せる
レベル2	✓ 現在の担当者が持っている作業を見直し，ほかの人にもできることはほかの人に委任 ✓ 特に単価の高い人間は「給料分の仕事をさせる」
レベル3	✓ 一定の集団が持つリソース全体を前提として仕事を最適配置

い領域についてクリアな見通しを持っている者，等々。彼らをどうやってマネジメントしつつ，生み出す価値を最大化するかを考えるとき，いくつかの段階が考えられる（図表Ⅰ-1-10）。

　まず，原始的なチームマネジメントは，担当者ができる範囲のことを遂行し，どうしても手に余る部分を他に任せることである（レベル1）。

　一歩進むと，現在の担当者が持っている作業を見直し，ほかの人にもできることはほかの人に任せ，特に単価の高い人間は「給料分の仕事をさせる」ことが目標となる（レベル2）。

　さらに，進んだマネジメントとは，一定の集団が持つリソース全体を前提として仕事を最適配置することである。（レベル3）。

　直感的なRPA化のイメージは，レベル1からレベル2の間であることが多いように見受ける。しかし，実際に企業を運営していく際に，そのような場当たり的なリソース配分で果たして業務は適正に回るものだろうか？　この点は，人をマネジメントする場合でも，人＋ロボットをマネジメントする場合でも同様である。

　したがって，ロボットの運用とは，広い意味でチームマネジメントである，ということができる。このような視点に立ったとき，ロボットがいる前提で業務をどう設計・構築するか，という視点が浮かび上がることになる。

(2) RPA／AIがある世界での業務の構築

　それでは，具体的にRPA／AIを用いて業務を構築する時，どういうことに気をつけなければならないだろうか？　実務での経験を踏まえ，ポイントとなるのは以下の各点である。

図表 I-1-11　人とロボットの協業

ロボットとの協業4箇条

① 技術ではなく，イシューから入ること
② 既存業務を「無駄作業」と決めつけないこと
③ ロボットと人の協業をデザインすること
④ ロボットの運用を，単なる保守ではなく進化であると考えること

① 技術ではなく，イシューから入ること

　新しい技術を使ってみたい，最先端を走っているというイメージを与えたいという誘惑は極めて強いものである。しかし，技術は手段であることを忘れてはならない。実際，当初の課題を解決することよりも，プレスリリースを出すことそのものが目的にすり替わってしまうケースが多くある。この話はかなり根深い。上層部から「課題は山ほどあるだろう。とにかく取り組んでいることを外に発信していくことが大事だ」と言われた時，「いやいや，そうは言っても，先に課題が見えていないところで，RPA／AIやるぞ！　と旗を振っても，うまくいきませんよ」などと言える人が多いとはとても思えない。だが，課題を解決するためには当該技術がオーバースペックだったり，効果面でも単純な解決策に劣るといった結果は当然望むべきものではない。そして，こういうケースは実際にたくさんある。

　実はすぐ近くに解決策があったのに，RPAやAIの万能イメージに引っ張られて結局高いコストを払ってしまった，という苦い記憶をお持ちの方は多いのではないだろうか？　今一度，すべての大本には課題があることを改めて銘記していただきたい。

② 既存業務を「無駄作業」と決めつけないこと

　RPAは自動化と結びつきやすいため，これまで費やしていた無駄なコストを削減するという意識があると，既存業務を否定する方向に走りやすい。しかし，一度留まって，なぜその業務が存続してきたのか，そのやり方だからこそ可能になっている要素は本当にないのか，をしつこく自問する必要がある。機械を実際に使うのは既存業務の担当者なのだから，まずはそこで行われてきた努力をリスペクトし，そのうえで機械を用いることの納得感を取り付けるというステップを必ず踏むべきである。

　想像してみてほしい。「お前がやってきたことは自動化できるので，機械で置き換えてしまおうと思う」といきなり言われたら，あなたはどう思うだろうか？　「もちろんこの作業は大変で，自分としてももっと効率的にやりたいとは思っていたが……」

　この「……」の部分にこそ，重要な情報が含まれている。あらゆる改革というのは，今までそれが実現できなかった理由が必ずあるものだ。もし，それが完全に技術的な制約によるものだったとすれば，話は幾分簡単かもしれない。しかし，実際の業務は人同士のコミュニケーションの妙味や，言語化されていない暗黙の前提，暗黙の知識，暗黙の判断というものが多分に含まれているものだ。したがって，まずはその業務自体をリスペクトし，現在のやり方をとっている理由を知ることが大切である。この点をおろそかにすると，ロボットを開発していざ現場導入しても，実際には使われず放置される，という結果に陥る可能性が高い。

③ ロボットと人の協業をデザインすること

　RPAやAIといった技術は，完成したシステムを長期間運用するこれまでのITソリューションと比べて，「走りながら直す」「作りながら改

善する」「運用しながら位置付けを変える」要素が強い。したがって，個々の機械の機能そのものに留まらず，人間も含めた仕事環境の中でその位置付けをどのように最適化していくか，という視点を事前に織り込んだプランニングが必要である。

　例えば，機械のアクションと人間のアクションを1回限り「統合」すれば求める結果に到達できるのか，それとも両者のインターアクションがプロセス上必要なのか，といった点がポイントとなる。ベストプラクティスについては第Ⅰ部の後半で詳述するので，まずは「ロボットを，新しい種類の人材，すなわち業務遂行リソースと捉えて業務を構築する」というマインドセットを持つことが必要である。

④　ロボットの運用を，単なる保守ではなく進化であると考えること

　ロボットの役割が流動的でありうるということは，「保守」という概念についても認識の変更が求められるということである。これまで「保守」といえば，エラーなく動作させることとほぼ同義であったものが，特にAIのように継続した学習によるアジャストメントが必要なものについては，むしろ保守＝改善・進化と捉えるほうが自然である。

　イメージしづらいかもしれないが，これは「アジャイル」と呼ばれる開発方法に近いものである。最初に仕様を固めに固めてこれで行くと決めたらあとは作るのみ，というのが過去のやり方だとすれば，とりあえず動く最小限の機能を持ったプロダクトをパッと作ってしまい，課題や制約に応じてこれを最適なものに修正していく，というのがこのやり方の特徴だ。

(3) 骨太なデジタルレイバーとは

本節の議論をまとめると、要点は以下である。

> - ロボットはコスト削減だけの道具ではなく、生産性を上げる味方である。
> - ロボットを有効に利用するためには、業務のデザインが不可欠である。
> - ロボットも人と同様にマネジメントする必要がある。
> - ロボットは走りながら作り、走りながら直すものである。

　RPA／AIの適用可能性は現在も広がり続けている。こういった技術が当たり前に存在し、誰もがこういった技術と隣り合って働く時代が来るのも、そう先のことではないだろう。人も組織も仕事のあり方も、これまでにない速度で変わり続ける時代になりつつある。ロボットへの期待値も、かかる前提および配慮のもとで定めなければならないし、同時に私たちは「何が人間の仕事か」「人間だからこそできること、生み出せる価値は何か」という問いを突きつけられている。

　人もロボットも、言われたとおりに動く便利なパーツではもったいない。どうせ採用するなら、あなたの部署を丸ごと骨太にできるポジションを用意し、思う存分その力を出力してもらう環境を整備すべきである。そして、これを行うことこそ、ロボットを運用する人間に求められる最も重要な仕事である。骨太なデジタルレイバーとは、適切な役割、適切な場、適切な期待を込められたニューヒーローであるべきである。

第4節　デジタルレイバーは誰のもの？

　デジタルレイバーの企画、導入、構築にはさまざまなプレイヤーが関与する。

そもそもの企画推進役。プロジェクト制をとることが多い導入活動では，このプレイヤーを誰がするのかにスピード感，完成度がおおいに影響を受ける。社内では一番のRPA通であるはずだし，ゆえにIT部門のメンバーが中心になることもある。一方，「働き方改革」を標榜し，全社を動かすという視点から経営企画部門が主導することもあるし，さらに進めてRPA導入専門部署（Center of Excellence, CoE）を構築し，これをもって推進にあたっている企業も増えつつある。

業務ユーザー。デジタルレイバーが所属する先の上司たちである。デジタルレイバーにどのように働いてほしいのか，どんな効果が生み出せるのか，という問いに対する答えは彼らが出すべきだし，決めるべきである。平均的なユーザー部門はRPAについて一応知っている程度で参加し始め，企画推進役の導く方向に期待をすることが多い。RPAは魔法のポケットで何でもできる，と言われれば，大きな期待をもって熱心に参加するし，RPAはまだ未知数だから慎重に，と言われれば，警戒をもって慎重にあたる。

情報システム部門。社内の業務システムの開発・運用と仕様の説明に責任を持つ。通常は最終的にRPAソフトウェアのお守りを担当するプレイヤーになる。個別の作業については社内で消化することもあれば，外部ベンダーに委託することもある。

では，デジタルレイバーは誰のものか。

あなたのものだ。

あなたは実際に利用するほうかもしれないし，企画に関わるほうかもしれない。情報システム部門に所属されているかもしれないし，導入に関わるシステムベンダーかもしれない。けれど，一様にそれぞれのプレイヤーは導入および運用活動に責任を分担するし，まだまだエマージングな技術であるRPAを存分に活用するためには，各プレイヤーが「私のものだ」という意識のもと，能動的なコミットメントが必要である。

世間の本や記事いわく，経営者がコミットして導入を後押ししろという。正しい。誰かに旗を振らせてあとは報告を待っているようでは社内のRPA利用の機運は勃興しないし持続しない。しかし，経営者が声をあげているだけではいけない。企画推進にあたっては関係部門に能動的に働きかけて強い意思をもって牽引することが求められるし，ユーザー部門は自部門のKPIにデジタルレイバーの活用による効率化・最適化の効果を織り込んでコミットするべきだ。情報システム部門はアジャイル型開発という領域に踏み込んで理解し，活用する覚悟を要求されるし，将来にわたってRPAソフトウェアに対する深い理解を要求される。

　もちろん，以上のような強い意思をもっていなくても「とりあえずの導入」「お試し」は可能である。ただ，例えば経営層が情報システム部門にRPA導入を丸投げし，周囲の部門の協力を得られないまま情報システム部門が必死に現場に訴えかけてPoCだけで萎むのは悲劇といえるし，意外と多くの企業がここで躓いている。

　本当の効用を得るのであれば，いま，あなたはデジタルレイバーを自分のものとしなければならない。

第2章

働き方改革の実践例〜RPA導入実態

第1節 概　要

(1) 背　景

　前述のとおり，2016年よりRPAの市場規模は急速に拡大しており，2020年にRPAは70％の企業に導入されるとみられている。KPMGコンサルティングが働き方改革の取り組みとしてRPAを活用したのも2016年であり，これまでにRPAを導入し業務・働き方変革の実現をサポートした企業は65社を超える。

　すでにRPAの導入を進めている企業も導入を検討している企業も，他社事例を知りたいという声を聞く。

　導入が完了して運用している企業は実際にどのように進めているか，成功のポイントや苦労した点からの教訓は何か。

　KPMGコンサルティングがこれまでに対応したRPA導入事例や業務改善支援に関するアドバイザリーサービス提供の実績，また，RPAの導入などの相談に応じた内容を中心にRPA検討，導入に関する実態をひもとく。

(2) 事例・実績内容

① 対象企業

89社

② 業界構成

今回対象の24%は金融業界であり，次に多いのがITサービス業界で10%である（図表Ⅰ-2-1）。

図表Ⅰ-2-1　業界構成

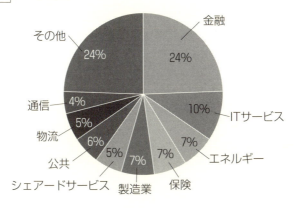

③ 企業規模構成

対象企業の従業員数を見てみると，従業員数が5,000人未満の企業で46%とほぼ半数となる。中でも1,000人未満の企業で20%となっており，従業員数少ない企業で積極的にRPA導入・検討をしていることがわかる（図表Ⅰ-2-2）。

| 図表Ⅰ-2-2 | 企業規模構成 |

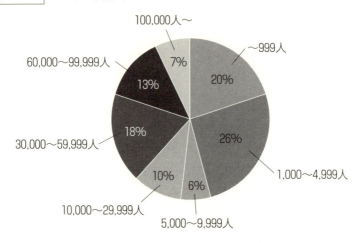

第2節 RPA導入の実態

(1) RPA検討・導入の目的

　RPAは，働き方改革など上位目的・方針の実現手段として活用される。例えば「将来の労働力不足と労働生産性向上に対応するため，全社で取り組む働き方改革の実現に向けた一施策としての活用」，「激化する競争環境，市場の変化に対応するため，デジタルトランスフォーメーションにより従来の延長線上にない抜本改革を進める際の一施策としての活用」などである。

　RPA導入によって直接目指していることは何か。RPA活用の主目的を確認すると「生産性向上：投入リソースを減らし成果を高める」に集約される（分母に投入リソース，分子に成果として単位当たりの価値を見る考え方）。ただし，約8割の企業は「効率面：投入リソースとなる業務工数の削減」を主目的に掲げる。そして，削減した工数の活用先と

して，成果を高める付加価値業務時間の創出につなげる，あるいはそのまま長時間労働の解消，ワークライフバランスの実現，コスト削減（・増加防止）などにつなげる狙いがある。

直接成果を高める「品質面：業務正確性・品質向上」「スピード面：リードタイム短縮」も目的に入るが，主目的は「効率面」である。その他，少数意見としては，「業界リーダとしての先駆け導入による社外へのアピール」「RPAを活用した新たなビジネスの創出」などもある。

〈事例〉
XX社は，限られたリソース（人，金）を有効活用して顧客への提供サービスを向上させることが課題であったが，顧客接点の担当部門は事務作業に多くの時間を割かれ，顧客への価値提供という本来業務を進める時間を確保できていなかった。社員の定型事務作業への関与を極小化し，顧客サービスの計画〜実行の時間を創出することを目的としてRPAの導入を検討した。

(2) RPA導入アプローチ

RPAを検討・導入した企業は，本番導入に向けてどのようなステップを経ているのか。ステップを「PoC実施フェーズ」「RPAガバナンス構築フェーズ」「本番導入」に分けて実施順をみると，次のようになる（図表Ⅰ-2-3）。

① 本番導入前にPoCを実施

79.1％（70.8％＋8.3％）の企業がPoCを実施している。実際の業務での自動化率（削減効果）を検証しながら今後のRPA化候補となる業務を棚卸しし，投資対効果の試算，定性効果の洗い出し，開発・運用体制の検討，課題抽出などを行い，本番導入すべきかどうかを見極めている。

図表 I-2-3　RPA検討からの実施順序

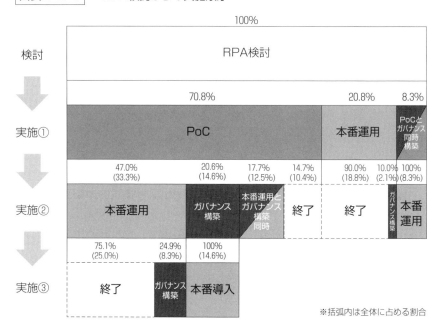

※括弧内は全体に占める割合

　60.4％（PoC実施企業のうち約85.3％）はPoC後に本番導入を進めている。これらの企業は，PoCの評価結果にて本番導入する価値があると判断されたとみる。一方で，10.4％（PoC実施企業のうち14.7％）の企業はPoCのみ行い，本番導入を進めていない。「考えていたよりも1シナリオ当たりの削減効果が小さい」「効果が見込めるRPA化の候補業務数が少ない」などの理由で検討を中止した企業である。中には，開発・運用体制の準備として先に「働き方改革やRPA専門部門」の設置準備を進めている企業もあるが，少数である。

　中止した企業もあることから，全社展開を目指すのであれば，事前検証したうえで本番導入を判断することを勧める。試してみて効果がなければ止められるというリスクの低さも，従来型システムと異なるRPAのメリットといえる。

20.8％の企業は、PoCを実施することなく本番導入している。主にユーザー部門が主体となって検討を進めている場合であり、シナリオ数の規模や展開範囲は小さい。PoCを実施しない企業のうち約9割は、RPAガバナンス構築も実施していない。

② RPAガバナンスの構築企業は5割弱

　RPAガバナンス構築をした企業は45.8％である。

　RPAの普及に伴い考えなければならないのが、RPAガバナンスである。RPAは開発しやすい利点はあるが、不安定なシナリオの乱立、シナリオ停止時の保守対応や、ユーザーでの利用停滞などリスクはあり、RPA管理・運用の体制・ルール・プロセス整備は重要である。

　RPAガバナンス構築をした企業における稼働済みシナリオ数の平均は64シナリオ、RPAガバナンス構築をしていない企業では21シナリオであり、中央値も同様の傾向で、シナリオ数の規模が大きいほどガバナンス構築を進めている実態がある。

　RPAガバナンス構築フェーズを経てから本番運用している企業は、全体の22.9％（ガバナンス構築をしている企業の約半数）である。本番運用の前にRPAガバナンス構築を始めるという点からすると、これらの企業は、事前に展開計画を立てて進めていると考えられる。

〈事例〉
　金融機関XXは、2016年にRPAを導入した。開発をユーザー部門にも開放し、社内で普及・拡大させていった。最初はうまく進んでいるかに見えたが、しばらくすると次々と問題が明らかになってきた。
　「RPAの活用深度に部門間で差がある」「同じ業務のシナリオを別々の部門で開発・運用している」「基幹システムにデータ登録するシナリオを十分にテストせず運用している」「開発者が異動した後、メンテナンスできない」などである。

> 問題に気づいて一元管理をしようとしたときにはすでに遅く，異なる考え方で自由に作られた100以上のシナリオを運用・保守することは不可能だった。悩んだ末，100以上のシナリオは一度廃棄し，RPAガバナンスと合わせて新たに作り直すことになった。

(3) PoC 実施体制や実施後の課題

約7割（図表Ⅰ-2-3）の企業がPoCを実施していることがわかったが，どのように進めているのか。

① 体制：すでに専門部門を立ち上げている企業が多い

PoC実施時の推進担当は「働き方改革・RPA推進部門」が50.0％と半数を占め，「システム部門」（30.4％）や「経営企画部門」（13.0％）より割合が大きい（図表Ⅰ-2-4）。PoC時点ですでに専門組織が存在しているという点から，上位目的である働き方改革の実現を目指して専門部署

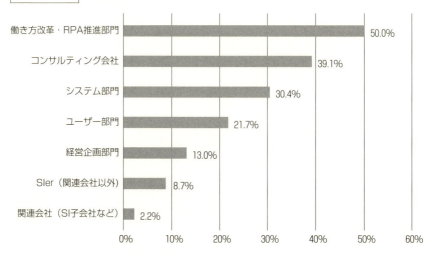

図表Ⅰ-2-4　推進担当

を設置したうえで実現の一施策としてRPAに取り組む企業が多いと考える。

2番目に大きいのは「コンサルティング会社」で39.1％。その他の外部リソースとして,「SIer（関連会社以外）」(8.7％) や「関連会社」(2.2％) は小さい。PoC時点で外部の専門知識を求めている。

PoCの開発担当は,「コンサルティング会社」35.1％,「SIer（関連会社以外）」32.4％と続く。開発は外部リソースに頼っている。一方でユーザー部門での開発も8.1％ある（図表Ⅰ-2-5）。

PoC実施時のプロジェクト体制の人数は,企業ごとにばらつきがあり,1人～30人である。平均は9.3人,中央値は8人である。

図表Ⅰ-2-5　開発主体

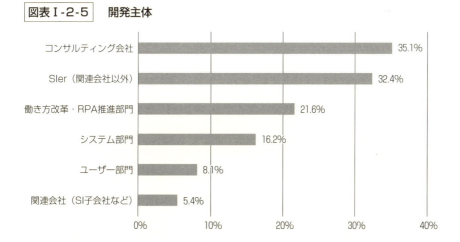

②　対象部門：PoC対象業務は効果が出やすい部門優先

PoC対象部門は,「経理部門」「事務センター」が34.8％と大きい（図表Ⅰ-2-6）。両部門とも単純な定型業務の業務量が多いことが想定され,効果が出やすい点でPoC向きである。

経理部門は幅広い業界で採用されているが,金融業界は事務センター

| 図表Ⅰ-2-6 | PoC対象部門 |

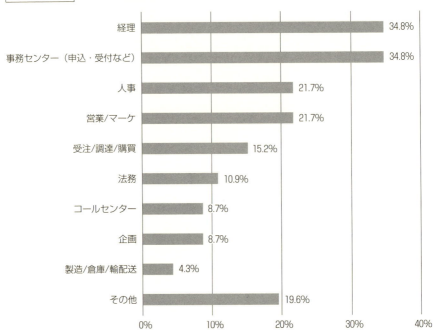

を選定する傾向が大きい。

③ 業務数・期間：PoCは3業務3か月程度で判断

　PoC実施業務数は1〜15業務と企業間で幅があり，平均は3.5業務，中央値は3業務である。おおむね3業務程度で判断している。PoC実施期間は2週間〜1年以上と企業ごとにばらつきがある。平均は4.3か月，中央値は3か月である。

　PoC時の1業務当たり開発工数は1人月〜6人月の幅で，中央値は3人月である。PoC段階であり，少数のシナリオを複数人で開発している点，開発だけでなく評価も行っている点で工数が大きくなっている。

　全体を通して，取り組み方針や意思決定の事情により，軽く行う企業

から入念に評価する企業までさまざまである。

④ PoC後の課題

PoCでRPAを評価するため，本番導入に向けたさまざまな課題が明らかになる。以下は実際に上がった声の例である。

> ▶外部ベンダー任せでなく，自社ならではの開発・運用ノウハウの蓄積
>   →本番の開発・運用を外部ベンダーに任せきりにすると，言いなりになってしまいコスト増につながる。かつ，将来内製化を決めた際にノウハウがないと移行が困難となってしまうため，社内にノウハウをためておく仕組みが必要である。
> ▶ユーザーのITリテラシーの向上
>   →ユーザーに開発をさせない場合でも，ユーザー受入テストの実施方法や，動作に影響する禁止事項（例えば，RPAが読み取る帳票レイアウトを勝手に変更してはならない）を事前に伝える必要がある。
> ▶関連部門の協力取り付け
>   →業務の棚卸し，要件定義インタビューやユーザー受入テストに加え，他システムと連携する際には対象システム担当者にテスト環境を使わせてもらうなど，導入を円滑に進めるために関連部門に理解・協力してもらう必要がある。
> ▶RPA専門部署の設置
>   →ユーザーでの開発・運用は難易度が高いことが判明し，かつ社内に担当できる組織がないため，RPA担当部門を新たに設置する必要がある。
> ▶RPAガバナンスの構築
>   →RPA化業務の選定方法，開発からリリースへの判断方法，監視・保守ルールなど，野良ロボットを発生させず効率的に運用し効果を出すために，RPAを管理・運用する体制・プロセス・ルールを構築する必要がある。

- ▶既存社内ルールにないRPAへの権限の付与への対応
    - →自動実行する場合は，RPAを仮想社員として扱い，RPA用にPCや各システムのIDを発行するべきであるが，人間以外にIDを発行するルールを新たに構築する必要がある。
- ▶投資対効果の向上，自動化率の向上
    - →PoC開発シナリオは期待していたよりも人的作業が残っている，PoCの開発工数が大きい，今後のRPA化業務を棚卸しできていない，個々の業務ボリュームが小さいなどの問題により，社内基準に対して投資対効果の魅力が小さい場合に，どう効果を高めてコストを下げるか，または本番導入を止めるかという判断が必要になる。
- ▶既存業務ドキュメントの変更
    - →RPAに合わせて，既存業務プロセス，業務マニュアル，操作手順書などの修正・改善工数も必要となる。
- ▶マスタ整理の必要性，設計が古い社内システムの改修の必要性
    - →古いシステムでは，現状の業務実態に合っていないことやRPAと連携しにくい作りになっていることがあり，改修計画を立てる必要がある。
- ▶開発者トレーニング時間の確保
    - →ユーザーに開発を開放する場合や，既存体制でRPA化の開発を進める場合，トレーニング時間の確保から調整が必要となる。
- ▶自動化・機械的対応により「人ならではの配慮」が欠ける点の対応
    - →メール送信先の性格に応じて文面を変えていたり，リマインドメールを繰り返し送る際には先に電話していたりという配慮が機械的な対応になってしまうので，事前周知が必要である。
- ▶人員削減につながるのではという誤解を生じさせないような対策
    - →人員削減を目的としていないが，RPAの特徴から誤解を生じさせて協力を得られないことを避ける必要がある。

(4) RPAガバナンス構築体制

5割弱の企業がガバナンス構築をしていることがわかったが，どのように進めているのか。

① 体制：PoCと同様に専門部門にて実施

RPAガバナンス構築の推進担当は，「働き方改革・RPA推進部門」（32.7％）の次にコンサルティング会社が20.4％と大きい。PoCに比べて，外部リソースの知見活用割合は小さい。「内部統制・リスク関連部門」は4.1％である（図表Ⅰ-2-7）。

プロジェクト人数は3人～15人と企業間で幅があり，平均は8人，中央値は9人である。

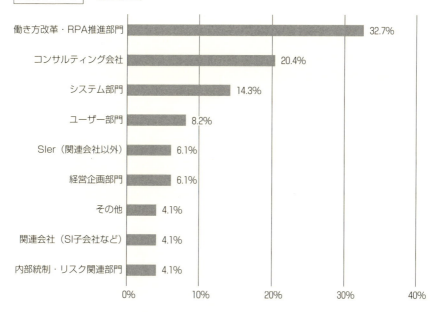

図表Ⅰ-2-7　推進担当

② ガバナンス構築企業は未構築企業に比べて多くのシナリオを運用中

ガバナンス構築企業における，本番運用中シナリオ数は1〜300シナリオである。ばらつきが大きいが，40シナリオ以下と200シナリオ以上に大きく分かれる。平均は64シナリオ，中央値は9シナリオである。今後1,000以上のシナリオ構築を目指している企業もある。

ガバナンス未構築企業の本番運用シナリオ数は，1〜70。平均は21，中央値は14.5。今後500ほどのシナリオ構築を目指している企業もある。

〈事例〉

日本を代表するメーカーXX社は，PoCを始めた1.5か月後にRPAガバナンスの検討に着手した。PoC実施時の時間削減効果により，今後の全社展開を見据えて早急にRPAガバナンス構築を進めるべきと判断した。

検討体制は，システム部門4人，関連会社（SI子会社）2人，コンサルティング会社3人。

最初は，ユーザー部門での開発も視野に入れて，ユーザー部門にRPA開発トレーニングを行ったが，「ITに関する専門性が高い」「自分たちで開発・運用できない」という声が上がり，専門体制で集中管理することに決めた。

現在，コンサルティング会社のノウハウをもとにして自社に沿うような，開発から運用・保守までのプロセス・ルールを整備している。方針は「実行できるよう細かく決めすぎない，厳しくしすぎない」「一度決めて終わりでなく，進めながらよりよい内容に改善していく」である。

今後は500以上の業務のRPA化を目指している。

(5) 本番開発，運用・保守

本番開発，運用・保守はどのように進めているのか。

① 体制：PoCと比較してコストを抑える体制

　企画・推進体制は，PoCやガバナンス構築と同様に「働き方改革・RPA推進部門」が最も大きく56.3%となり，約半数を占める結果となった。続いてシステム部門が大きく35.4%。また，ユーザー部門が担っている企業，外部のコンサルティング会社を採用している企業は27.1%である（図表Ⅰ-2-8）。

　開発主体は，SIer（関連会社以外）29.8%と，PoC同様，外部リソースに頼っている様子がわかる。一方で，PoCではコンサルティング会社の開発割合が最も高かったが，本番開発は17.0%にとどまっている。また，開発は関連会社も含めて外部委託している企業が全体の59.6%である（図表Ⅰ-2-9）。

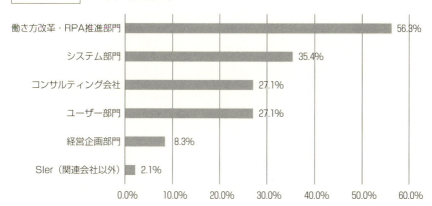

図表Ⅰ-2-8　企画・推進担当

- 働き方改革・RPA推進部門　56.3%
- システム部門　35.4%
- コンサルティング会社　27.1%
- ユーザー部門　27.1%
- 経営企画部門　8.3%
- SIer（関連会社以外）　2.1%

図表 I-2-9　開発主体

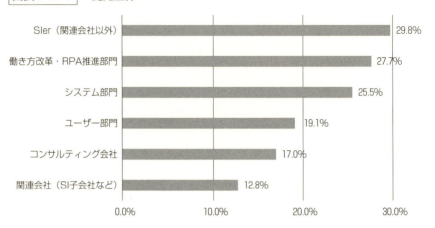

運用・保守主体は，システム部門が34.3％と最も大きく，続いてSIer（関連会社以外）の25.7％である。ユーザー部門での運用も22.9％ある（図表 I-2-10）。

図表 I-2-10　運用・保守主体

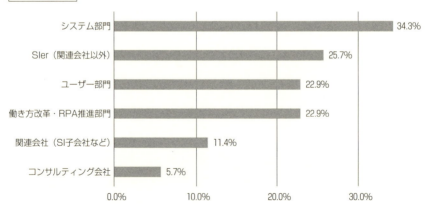

②　内製化割合は半数強

　企画から運用まで内製化して取り組んでいる企業は54.0%であり，残りはいずれかの工程で外部企業（子会社以外のSIer・外部コンサルティング会社）を活用している。

③　ユーザー部門での開発・運用はばらつきがある

　企画・開発・運用のいずれかをユーザー部門に担わせている企業は，全体の40%であり，ユーザーが企画から保守・運用まで一貫して実施している企業は10%である。ユーザー部門では開発は実施せず，企画までを実施している企業（運用はユーザー部門で実施しているケースも含む）が50%である一方，開発・運用のみをユーザー部門で実施している企業が25%であり，企業によってユーザー部門の担当範囲は分かれる結果となった。

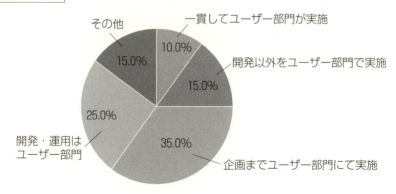

図表Ⅰ-2-11　ユーザー部門の関与種別

④　RPA導入体制の人数

　20人未満でRPA導入を進めている企業が全体の約8割を占める。一

方，100人以上の人数をかけてRPA導入を進める企業が全体の9.5%を占める結果となった。なお，主管部門としての企画・開発・保守運用の人数比は3：6：1となり，開発要員に人数をかけている傾向が見られる（図表Ⅰ-2-12）。

図表Ⅰ-2-12　導入体制の人数

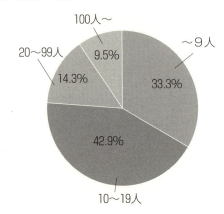

⑤　RPA導入業務数

RPAを実際に導入した業務数については，50業務未満の企業が64.3%という結果となり，多くの企業はスモールスタートでRPA導入を進めている状況と見られる。一方，すでに300業務以上導入している企業も10.7%であり，RPAを積極活用している企業も一定割合存在している結果となった（図表Ⅰ-2-13）。

⑥　対象業務の傾向

RPA導入対象業務は経理が24.0%と高く，事務センターの17.7%と続く。PoCと同様に，定型化されており，かつ，その業務量が多い業務から優先的にRPA導入に取り組んでいるためと推察される（図表Ⅰ-2-14）。

図表Ⅰ-2-13　導入業務数

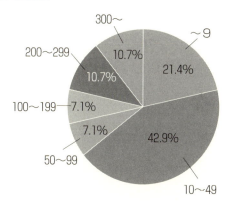

図表Ⅰ-2-14　対象業務

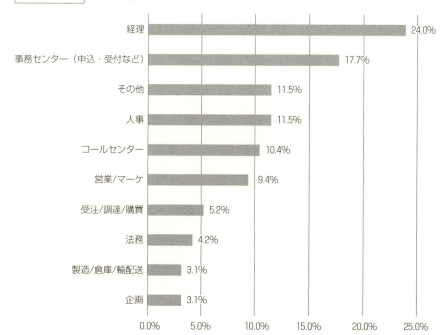

⑦ 開発期間・工数

1業務当たりのRPA導入工数は3.0人月以内である企業が75.1%となり，半数を超える結果となった。多くの企業は，システム開発のような工数はかけずクイックに導入していることが窺える（図表Ⅰ-2-15）。

図表Ⅰ-2-15　開発工数

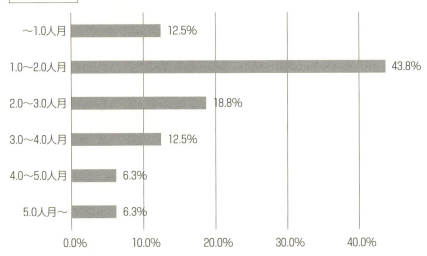

⑧ 連　携

RPAを導入している企業のうち21.7%が，ERPとの連携にRPAを活用している。また，画像認識技術と連携している企業が6.7%となった。これは，RPAで処理するデータは電子データである必要があることから，画像認識技術と組み合わせて，さらなる業務効率化を図っているといえる。画像認識技術は発展段階であることから，数値的には高くはないが，今後技術が発展していくと画像認識技術と組み合わせてRPAを導入する企業が増えていくことが予想される（図表Ⅰ-2-16）。

| 図表Ⅰ-2-16 | 積極的なERP連携 |

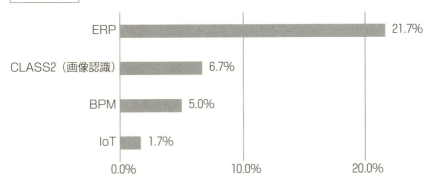

(6) 効　果

① 定量効果

　1業務当たりの平均自動化率は，15％〜90％と企業ごとに差が大きく，中央値は55％であった。

　これは，企業の方針によって，自動化率の高い業務に集中して導入を

| 図表Ⅰ-2-17 | RPAによる自動化率 |

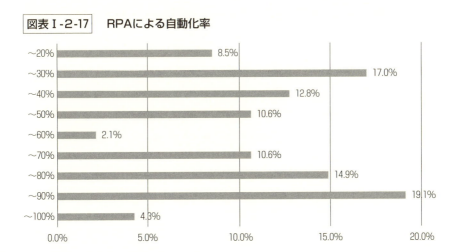

進めるケースと,RPA化により一定の効果が見込める業務に手広く導入しているケースに分かれるためと考えられる。

次に1業務当たりのRPA平均削減時間を見てみると,年間削減時間が1,000時間以下となる業務が65.2%と半数以上を占める。1,000時間は,月の稼働日数を22日と仮定すると,およそ3.8時間/日の削減となることから,1名～若干名で実施している業務を対象としていることが予想される。一方,年間削減時間が5,000時間を超える業務も8.7%存在する結果となっており,これらの業務は数人～十数人で実施している業務に導入していると想定される。この結果から,RPAは小規模の業務への導入が多くなる傾向にありつつも,大規模な業務でも活用する余地はあるといえる(図表Ⅰ-2-18)。

RPA導入により企業ごとの合計削減時間を見てみると,66.7%の企業が10,000時間未満となっており,RPA導入数が50業務未満の企業の割合(64.3%(図表Ⅰ-2-13))と近い結果となった。このことから,RPAを

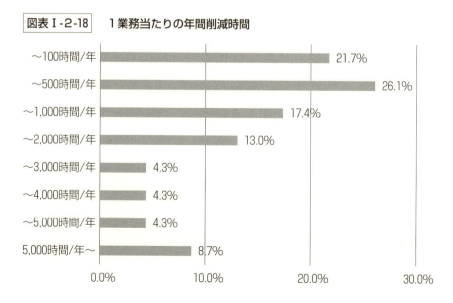

図表Ⅰ-2-18　1業務当たりの年間削減時間

導入する業務数が少ないと、効果も限定的になるといえる（図表Ⅰ-2-19）。

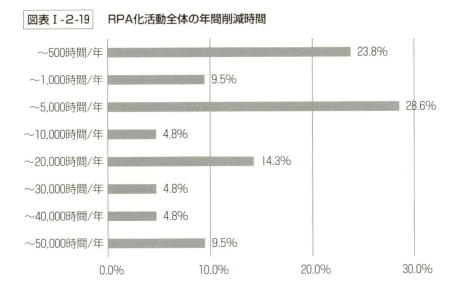

図表Ⅰ-2-19　RPA化活動全体の年間削減時間

② 定性効果

定性効果はユーザー視点と推進部門視点の両面がある（図表Ⅰ-2-20）。

図表Ⅰ-2-20　定性効果

〈ユーザーの声〉

定性効果の種類	具体例
効率化 （業務負荷の軽減）	・業務効率化と精度向上によって残業が減り、働き方改革を実現している ・ワークライフバランスを実感する ・面倒が減り、精神的な負担が軽減した ・ピーク時の負荷が減り、作業のシフト化が可能になった
効率化 （新たな価値の創出）	・忙しくて週1回しかできなかった全国売上レポートの作成が、毎日可能になった ・営業戦略立案時に最新情報を反映することが可能となり、

	・競合との差別化になる ・自部門の業務改善を進められるようになった
品質向上	・入力ミス削減，事故ゼロを実現できている ・RPAは，人とは違ってやり忘れがなく確実に遂行するため，ほぼリアルタイムでステータスの把握が可能になった ・作業者間の生産性が均一化し，作業終了時間の予測精度が大幅に向上した
スピード (リードタイム短縮)	・処理ピーク時でも時間内に処理できるようになり，連係先の部門の待ち時間を減らせるようになった

〈推進部門の声〉

定性効果の種類	具体例
社内地位向上	・RPAの推進によって，システム部門に対するユーザー部門の見方がよい方向に変わってきて，通常業務もやりやすくなっている
セキュリティ・ コンプライアンス強化	・自動化により，機密情報の漏洩やデータ改ざんといったリスクへの対策になっている ・法規制に対するリスク対応になる

(7) 成功のポイントと教訓

① 成功のポイント

　RPA導入により高い効果を享受できている企業の成功ポイントのうち，共通している点を整理した（図表Ⅰ-2-21）。

図表Ⅰ-2-21　成功のポイント

カテゴリ	具体例
トップダウン， トップの協力	・社長や役員が繰り返し社内発信するなどトップダウンで進めたことにより，関係部門が事前に概要を知っているなど，説明時に協力が得やすく円滑に進められた。

ユーザー巻き込み，ユーザーの協力	・ユーザー部門の要望を一挙手一投足レベルまで深くくみ取り，そのレベルでユーザー部門長に要件として承認してもらう進め方により，担当者がより真剣かつ詳細に要件を話してくれるようになった。 ・PoC時にユーザーの詳細かつ難易度の高い要件を反映したことで，ユーザーを味方につけることができ，社内承認が得やすくなった。
推進部門，承認者の協力	・社内文化上，新しい取り組みを進めるのは難易度が高いが，まず現場で進めて効果を出し既成事実をつくることで，容易に上長や経営層を巻き込むことができ，その後はスムーズに進められた。 ・PoC実施時に，実現性の分析と投資対効果を試算し，上長に効果があることを理解してもらった。
トライアンドエラーの啓蒙	・「小さく作って大きく育てる」を原則とし，初めから完璧を求めず使いながら改善していく方針で進めた。 ・ユーザー部門の多くは，ウォーターフロー型の開発が念頭にあり，試運用では完成していると考えていた。アジャイルであることを繰り返し伝え続けることで，試運用時の品質の理解を深め，その先でRPAの有用性を理解してもらうことができた。
計画策定	・PoC時に，本番運用に向けた課題出しと計画を立てたことで，大きな手戻りなく進めることができた。 ・業務選定を徹底し，簡単で高い効果の見込める業務からRPA化を進め，成功を積み上げられた。
RPAに適した業務への見直し	・業務の可視化・標準化の徹底を促し，既存業務をそのままRPA化するのではなく，人の補正が必要となる工程をあらかじめ考慮したToBe業務フローの設計を行ったことで効果を高めることができた。
ガバナンス構築	・RPA用の開発・運用体制を構築した。同一部門で行うことで，開発チームと運用チーム間で連携を図りながら進められている。 ・本番導入前に開発や運用・保守のルールを整備しておき，本番導入後に混乱なく進めることができた。

② 苦労した点からの教訓

　これまでの苦労点や失敗，現在運用を進めている中で直面している企業の課題から，参考にできる点を整理した（図表Ⅰ-2-22）。

図表 I-2-22　苦労した点からの教訓

カテゴリ	具体例
ユーザーコントロール	・ユーザー部門に開発中のシナリオを見せた後、イメージが明確になり、変更や追加要望が次から次へと出てくることがあった。ユーザー部門の協力は必要であるが、区切りをつける必要がある。 ・業務は全自動化されると思っているユーザーや、初めから完成されたシナリオを期待するユーザーがいた。プロジェクトそのものへの不信感・不安感につながってしまう可能性があるため、事前に説明して期待値をコントロールするべき。 ・RPAについてのユーザーの理解が浅く、例えば「ロボットは間違うかもしれないから最後に人間がチェックすべき」と考える人もいる。繰り返し教育を続ける。
業務の把握方法	・マニュアルがない業務について、業務内容の確認漏れがあり、繰り返しユーザーに確認する場面があった。初めに業務を動画撮影することで確認漏れを防止できる。
ガバナンス構築	・RPAガバナンスを構築しておらず、ユーザーに任せていたため野良ロボットが発生した。 ・本番運用してから、開発・運用・保守の主管部門やリソース、明確なルールがないことがわかり、どのように進めてよいか、毎回検討して進めることになった。 ・ルールを厳しくしすぎて運用に支障が出て、改善を続けている。ルール検討時には、実行できる視点で伸びしろを残すべき。
社内普及の啓蒙活動	・一部の部門だけがRPAを活用したり、利用を止めてしまったりしないように、社内普及の啓蒙活動が必要となる。

〈画像認識とRPAを組み合わせた導入事例〉

　紙を取り扱う業務はRPA単体での解決が難しいが、商社XX社では、画像情報をデジタル文字化するOCRツールとの組み合わせによって効率化を実現した。

●概要

　XX社も働き方改革への取り組みを進めており、RPAの全社導入プロ

ジェクトを推進していた。全社の業務棚卸しをした際、事務センターの受注処理業務の業務量が大きく、とりわけFAXでの注文内容をシステムに転記する作業の負荷が高いことが明らかになった。EDI連携できない重要顧客であるためFAXは必要であり、FAXサーバ上のデータを画面上でシステムに転記・チェックする作業に年間2,000時間以上をかけていた。

●関係者の期待値コントロールから着手

紙/画像データを取り扱う課題対策としてOCRの活用が候補に挙がった際、知っておかなければならないことは「現在のOCRの識字精度は100％でなく、人的なチェック作業が残る」点である。意思決定者の中には「100％デジタル文字化できないと運用できない」と考える人もおり、最終段階になって頓挫するケースもある。初期段階で上記を理解してもらう必要がある。XX社でも、事務センター長を含めて関係者の共通認識を図ったうえで進めた。

●業務分析を実施

業務のRPA化を進める場合、RPAに適合するよう業務分析し、新たなプロセスを構築する。XX社では本課題を踏まえながら、初めからOCRありきではなく「そもそも紙の取扱いをなくせないか」「対応時間を抜本的に減らせないか」という視点も考慮して業務を分析した。

その結果、以下のような「注文書フォーマットの統一化と記載ルールの徹底」が課題であると明らかになった。

・注文書の形式は数百種類あり、今後も増える可能性があること。
・顧客ごとに注文書への記載内容に暗黙のルールがあり、担当者が意図をくみ取って補記している箇所があること。
・転記ミスは、特定箇所に偏っていること。
・システムに転記しているデータのうち実際に活用しているのは一部であること。一方で、別部門が活用する際に不足している情報があること。

注文書フォーマットの統一化を中期の取り組み課題としたうえで、シ

ステム登録する最低限必要な項目を定義するとともに，業務プロセスを見直し，チェックルールも可視化した。

- OCR精度検証

 OCRの活用は現実的か。業務分析と並行して精度検証を行った。

 実際に業務で使っている注文書をもとに，複数のOCR製品で識字精度を検証した。注文書は受注量の多い10社のフォーマットから，記入内容の異なる5種類の計50パターンを選んだ。

 数日後，OCRの識字精度の概要がわかった。FAXは印字の質が悪く送信時のずれなどもあり，カタログスペックより識字精度が低かった。識字精度は製品ごと，注文書ごとに異なり，最初は50～70％程度だった。OCRは，注文書ごとに読み取る位置・範囲や項目定義を登録する必要がある定型帳票タイプで，細かなチューニングをすれば識字精度を高められる。

 この時点で最も有力な製品に絞り，どこまで識字精度を高められるかの検証を進めた。フォーマットに合わせて読み取り範囲を変えたり，日本語に比べて識字率の高い数字項目を対象とし，例えば顧客情報は電話番号を第1のキーワードとして特定するようにしたり，さらに読み取り箇所を限定するため，顧客名に紐づく情報は社内マスタから確実な情報を取得するようにしたり，識字精度を高める取り組みを繰り返した。

 以上により識字精度は85～90％まで高めることができたが，数百の注文書に対する負荷対応という課題が残った。

 結果的に，注文書量の多い顧客から並べて投資対効果が最も高くなる枚数分のフォーマットを定義して進めることとなり，パッケージソフトウェア型OCRの採用を決めた。

- RPA導入

 1.5人の技術者で1か月かけてFAXサーバとOCRを連携するRPA開発を行った。デジタル文字化したデータはcsv形式でRPAに連携するため，難易度は高くない。FAXサーバの注文書と複数の登録フォーマットを紐づける点は，幸いにもOCRツールの機能で対応できた。課題はやはり識

字精度の安定化であったが，完璧を求めすぎず運用しながら高めていく方針で進めた。

　従来，担当者はFAXの選択から業務を行っていたが，RPA化によりチェック・修正だけとなった。ミスの許されない受注データであるため，リリース後一定期間は複数の担当者でチェックを行い，OCR自体のエラー率やシステム投入後の最終エラー率を測った。

　OCRは90％以上の識字精度で安定し，対象の注文書においてはRPA化前と比べて業務時間は70％ほど削減できた。

●今後の取り組み

・EDIおよび，フォーマットの統一化推進

　「EDI連携」「メールなどでのデータ受領」「統一フォーマットへの変更」の順で顧客へ業務依頼し，自動化率を高めていく。

・社内各部門の紙データを処理する事務センターの検討

　OCRの精度は100％でなく人的なチェック作業が残るものの，このチェック作業を業務別に行っては非効率と考える。事務センターにてデジタル文字化～チェック・修正，システム登録までを一元的に行うことで，ユーザー部門には自動的に紙／画像データがシステムに登録されている環境を提供したいと考えている。現在計画を進めている。

・非定型帳票OCRの可能性

　フォーマットの定義を不要とする方法はあり，例えば注文書内のキーワードの位置関係で自動処理することである。しかし，取得対象の間違いや，デジタル文字に意味（項目）を紐づける点で精度が落ちる。最新の技術動向を追いかけているところである。

第3章

企画推進者としてのRPA推進のポイント

第1節 PoC？ パイロット？ 問題はそれから

(1) 最終形をイメージできないPoCは失敗する

① PoCに適した業務，適していない業務

　多くの企業において，業務部門なりシステム部門なりがRPAの導入を決定したならば，まずはどのようなアプローチでRPA導入を開始するのか。それはPoC（Proof of Concept）である。RPA導入の初期フェーズである「パイロットフェーズ」は，PoCと呼ばれ，RPAの本格展開とトランスフォーメーション実現に向けた第一歩として位置づけられている。まずは，自社に適したRPAソフトウェアを選定し，2～3体のロボットをクイックに構築してみるのである。そこで以下のことを推進・検証する。

　▶RPAソフトウェア評価・選定
　▶対象業務の要件を把握し，導入可能性を検証
　▶RPAの効果の試算

第3章 企画推進者としてのRPA推進のポイント 67

▶RPA導入における課題の洗い出し

なお，PoCに適した業務は，以下のようなルール化可能な定型作業である。

- ▶パターン化されているエクセル操作，複数Webシステムへのアクセス，データの加工，比較検証（ルールが明確なもの）のような業務
- ▶実行頻度が多いかつ処理時間が長く，業務要件は頻繁に変更しない業務
- ▶複数の担当者によるチェック作業が必要な業務
- ▶単純な繰り返し作業　等

一方で，PoCに適していない業務は，以下のようなルール化不能な非定型作業，または特定のアクションを伴う作業である。

- ▶データ入力作業のRPA化としてスキャナ取り込みが中心の作業
- ▶ピボット・マクロ等を使用したレポート作成
- ▶パスワード付きファイルへのアクセス，ファイル印刷，人の判断が必要な処理分岐を含む業務

図表Ⅰ-3-1　パイロット対象業務選定の観点

			分類例	観点
必須	1	業務特性	▶入力系 ▶集計系 ▶照合系	削減効果を概算する際には，左記の分類は網羅している必要がある
	2	使用業務システム	▶使用業務システム別	パイロットで複数の業務システムを検証することが望ましい
	3	業務実施主体（雇用形態）	▶非正規社員中心の業務	非正規社員中心の業務のほうが短期で効果を得やすい
パイロットとしての一定の網羅性	4	業務実施主体（作業ロケーション）	▶部署	複数の部門での業務をカバーしていることが望ましい
	5	業務特性（処理分類）	▶バッチ処理 ▶即時実行処理	実運用時に対応が異なる可能性のある業務をあらかじめ選択するのが望ましい
	6	業務実施主体（作業ロケーション）	▶首都圏 ▶ニアショア，それ以外	要相談

RPAとの親和性（パイロット時） × パイロットとしての一定の網羅性

また，PoCを行う際には図表Ⅰ-3-1に示すように，選定する業務シナリオにある程度の網羅性を持たせると効果的である。PoCにて検証できる範囲も限定的にならずに済むからである。

② 目的とゴールを明確に

このようにPoCを推進した結果，多くの企業がRPAの一定の効果を確認できているのである。ただ，第2章にて紹介したように，一部の企業では，PoC実施から先に進めていないという現状があるのも事実である。これはなぜか。その答えは，「最終形をイメージできないPoCは失敗する」ということに尽きる。

PoCを始めるにあたり，どのような目的（例えば，コスト削減なのか，デジタル化なのか，社会貢献的な営みなのか，など）でRPAを導入するのか，また，いつまでに，トータルで何体のロボットを構築するのかといったゴールが明確でないPoCは，単なる社内活動の一環となってしまい，PoC終了後に取り組みのスピードが一気に失速してしまうのである。

企画推進者はこの点を十分に意識してPoCに臨むことが肝要である。

(2) 大規模展開を見据えた作戦づくり

① 明確にしておきたいポイント

PoCを実行するにあたり，先のようなゴールが決定されているのであれば，PoCが完了し，結果を検証した後も，その先にあるRPAの大規模展開，または全社展開に向け，活動を継続する機運が生まれていく。

RPAの適用範囲をさらに拡張していくためには，企画推進者が中心となり，下記の2つのポイントを明確にしておくことが有用である。

- どの業務を対象とすべきか？
  - ▶間接業務に集中するのか？　全業務が対象か？
  - ▶本社のみなのか？　国内グループ会社や海外グループ会社も対象にするのか？　など
- いかに早期に柔軟な体制を立ち上げるか？
  - ▶開発は内製を目指すか？　外部に委託するか？
  - ▶内製の場合は，情報システム部門が主担当か？　ユーザー部門にも開発させるか？
  - ▶いつから，何名体制で始めるか？

　これらを固めることにより，RPA大規模展開の作戦づくりに向けたスコープが確定できるのである。そして，まずは3つの機能（「探す」「作る」「動かす／治す」）の早期立上げ，半年ほどのパイロット運用を通してすべて改善（現場の運用を考慮する）することを目指していくことが重要である。

② KPMGのフレームワーク

　RPA大規模展開に向け，企業体ではどのようなことを考え，整備していかなくてはならないのか。その解の1つとして，弊社フレームワークであるRPA-TOM（Target Operation Model）の活用を提唱させていただきたい。当フレームワークはRPAを全社的に導入・運用していく際に定義すべき運用態勢の考え方を規定したアセットである（図表Ⅰ-3-2）。

　当フレームワークは，整備すべきオペレーティングモデルを6つのカテゴリーで分類している。特に初期段階で検討すべき事項が，「プロセス」「組織・ガバナンス」「テクノロジー」である。

figure I-3-2 KPMG RPA Target Operating Model

> - ●プロセス：RPA開発と運用に係る一連のプロセス検討
>   - ▶新規開発，仕様変更における各管理プロセス　など
>   - ▶障害発生時の対応プロセス　など
> - ●組織・ガバナンス：全社導入に耐えうる組織体制・役割分担の定義
>   - ▶組織構成
>   - ▶役割分担の定義
> - ●テクノロジー
>   - ▶RPA運用・管理体制を効率的に実現するためのITツール，基盤
>   - ▶各プロセス・ガバナンスで使用するITツールの整理

これらの検討項目について，企画推進者のリードのもと，詳細に議論・協議をしたうえで，自社に合った方法論へ昇華させていくことが重要である。

なおかつ，PoC完了後は複数のベンダーがRPA導入に関わるケースが多いはずなので，一刻も早く，定義していくべき領域と思料する。

(3) 明確な意思のこもった「でき姿」とマイルストーン

RPA導入のゴールと，大規模展開へ向けた活動のスコープが整理された後は，計画の詳細化が必要となる。特に，3つの機能（「探す」「作る」「動かす／治す」）の早期立上げといった，明確な意思のこもった「でき姿」をイメージしつつ，マイルストーンを設定することが重要である。

RPA導入の計画詳細化は，以下の4つのフェーズで検討することを提唱したい（図表Ⅰ-3-3）。

① 将来構想およびPoC実施フェーズ……2～3業務のRPA化を目指し，6～8週間でPoCを推進するフェーズ。ここで，RPA導入の

図表 I-3-3 RPA導入の4つのフェーズ

将来構想およびPoC実施
業務数：2-10、期間：6-8W

① 将来構想
- RPA展開計画策定および運用管理体制の構築

② PoC
- 技術検証およびベンダー選定
- 業務適用可能性検証
- 投資対効果概算

③ 初期チェンジマネジメント
- 部分的な組織内での啓蒙範囲拡大性理解
- RPA導入立上げ人材育成

先行導入
業務数：10-30、期間：3M

⑤ 運用管理機能の構築・強化
- RPA導入・運用プロセス、ルールおよびIT組織体制の設計、構築、運用、検証
- RPA統合監視サーバー構築・運用

⑥ 中規模RPA構築・保守運用
- 業務分析・選定業務分析・選定
- RPA設計、構築、導入、運用
- RPAインフラの構築、保全、拡張

⑦ 中長期チェンジマネジメント
- 現場の意識改革と啓蒙範囲拡大
- IT資源管理 ID/アカウント管理
- IT監査、セキュリティ対応

本格導入
業務数：30-100、期間：3-6M

⑧ 運用管理機能の高度化
- RPA推進・高度化機能の構築、PDCAサイクルの定着化
- KPI定義、運用レポートによる更なる効率化施策の実施

⑨ 大規模RPA構築・保守運用
- 大量同時開発量同時並行開発
- RPAソースコードの変更対応
- OCR/AIなどClass2ソリューションとの連携

継続改善および業務変革
業務数：100-500+、期間：6-12M

⑩ 業務変革
- RPAによる業務継続改善
- RPAを活用した業務変革
- End-to-Endの業務自動化

プログラム・プロジェクトマネジメント

④
- RPAプログラムのスコープ、スケジュール、リスク、イシュー、リソース管理
- エグゼクティブ・マネジメントへの巻き込み
- RPA導入範囲拡張、継続推進するための社内人材育成、教育
- 社内ソリューツ内のRPAイベント実施、プレスリリースなど社外広報活動

＊RPA/BPR対象範囲により各フェーズに要する期間は変動します

目的，中長期でいくつのロボットを構築するかについて，プロジェクトチーム内で協議・決定しておくことが必要である。

② 先行導入フェーズ……10～30業務のRPA化を目指し，3か月程度で大規模展開に向けた初期立上げを早期に実施するフェーズ。ここでの足固めが将来のRPA導入の成否を左右するため，詳細を後述したい。

③ 本格導入フェーズ……30～100業務のRPA化を目指し，3～6か月程度でロボット構築や運用態勢の定着化を本格的に推進するフェーズ。全社的な営みとなってくるので，エグゼクティブマネジメントの巻き込みなどチェンジマネジメントも含め推進していく。

④ 継続改善および業務変革フェーズ……100～500を超える業務のRPA化を目指し，ロボットの大量生産を推進するフェーズ。RPAによる業務継続改善を進めつつ，End-to-Endの業務自動化などさらに活動のスコープを拡張していく。

特に，［②先行導入フェーズ］においては，以下の事案についてしっかりと方針・ルール定義と構築を行い，プロジェクト内のガバナンスとして整備する。

- ●運用管理機能の構築・強化
  - ▶RPAの案件収集，選定，要件定義，設計開発，テスト，リリース，保守にわたるRPAライフサイクル，役割分担とアウトプット，またそのレイアウトまですべてのRPA導入・運用プロセスを定義する。
  - ▶野良ロボの防止，すべてのロボットの稼働状況の可視化を目的に，統合管理サーバのアーキテクチャ設計・構築を行う。
- ●中規模RPA構築・保守運用
  - ▶規定したRPA導入・運用プロセスに準拠し，10～30業務のRPA開発と運用を推進する。

> - ▶RPAインフラ（オンプレミス，クラウド等），ネットワークの設計と整備・設定を行う。
> - ●中長期チェンジマネジメント
>   - ▶PoCよりも影響範囲が拡張される当フェーズより，現場の意識改革や啓蒙活動を進め，RPAの〝正しい理解〟の伝播を進めていく。
>   - ▶実際にRPAを業務利用していく準備として，情報システム部門と連携し，IT監査やセキュリティ面の対応方針について検討を開始する。

　PoC直後の活動としては相応に重く，遠回りに見えるこれらの活動であるが，企画推進者が中心となり早期に足固めしておくことで，将来的な手戻りやプロジェクト状況の混乱を防止するための近道なのである。

第2節　骨太な導入の進め方

(1) 骨太な構想とは～視座は高く，視野は広く

　「いつまでにロボットを何体作る，何時間の業務時間を削減する」といったKPIは，RPA導入を推進するうえで非常に重要なファクターであることは間違いない。しかし，それはKPIに過ぎない。どのような構想（戦略）に裏打ちされているかが重要である。KPIだけが先行してしまい，RPA推進に行き詰まりを感じている企業も多いのではないだろうか。KPI達成に苦労している企画推進者は，今一度，「KPI達成に向けた構想があるのか」「構想とKPIが乖離していないか」を振り返ってみていただきたい。
　また，RPA導入が短期的・一時的な活動に陥ってしまう企業も多いのではないだろうか。RPAは通常のシステムと比較した場合，導入のハードルが低く（小さく早く導入ができる），効果が実感しやすい（効

果が測定しやすく，投資回収サイクルが早い）といった特徴がある。「投資回収サイクルの早さ」はRPAの武器の1つであるが，それにとらわれてしまうと一時的な活動に陥ってしまう。

企画推進者にはRPA導入構想のロードマップ策定を強く推奨する。構想とKPIは表裏一体であり，構想がない限り，いくらKPIを見直しても根本的な解決には至らない。また，中長期的な骨太な構想があれば，一時的な活動で陥ってしまうことを防ぐことができる。企画推進者はKPIと構想の整合性を常に意識し，中長期的な視点でRPA導入を推進することが重要である。

では，中長期的な骨太な構想は何であろうか。RPA導入構想は当然，企業毎に異なる一方，RPA導入構想において必ず検討が必要になる要素がある。

① 導入ターゲット

「どこに」「いつ」「どのような順番で」が基本的な導入ターゲットの定義要素となる。企画推進者は，特に「どこに」の要素について，「視座は高く，視野は広く」構想策定に臨むことが重要である。部門内の導入に留めるのか，社内導入に留めるのか，グループ企業への導入まで視野に入れるのかで，RPA導入のステークホルダーおよび導入スケジュールは大きく変わる。また，社内導入ひとつとっても，部署単位での導入か，一斉導入かで狙いやアプローチは大きく変わる。企画推進者は，「視座は高く（どこまでを見据えた構想をしているか）」「視野は広く（狙いや依存関係を深く理解しているか）」を問いながら，構想策定に臨んでいただきたい。

最近ではRPA+α（例えばAI）の取り組みが増加しており，企画推進者には「RPA+α」を構想の範疇に含めることを勧める。

② プロセス・組織・テクノロジー

　導入ターゲットが定まったら，導入実現に向けて必要となる機能（特にプロセス・体制）を揃える必要がある。ターゲットに依存して，導入に必要なプロセスや組織にはアレンジが求められる。構想として，いつまでにどのようなプロセス・組織構想にするかの「ビジョン」と，ターゲットに合わせたプロセス・体制をいつまでに確立するかの「マイルストーン」を定義することが重要である。また，プロセス・組織の構想に合わせて，それを支えるテクノロジー構想を行うことを強く推奨する。

　骨太なプロセス・組織・テクノロジーの詳細は次節で触れることとする。

　図表Ⅰ-3-4は，RPA導入構想の検討の一例である。

(2) 骨太な導入に必要な導入プロセス・組織体

　前節でも触れたが，「プロセス」「組織」「テクノロジー」はRPA導入の屋台骨になる大切な要素である。この要素のPDCAサイクルを構築・遂行することが，骨太なRPA導入プロセス・組織体の実現に重要となる（図表Ⅰ-3-5）。

① プロセス：タスクとタスク依存関係を定義
② 組織：プロセスをもとにした体制・役割定義と要員・タスクアサイン
③ テクノロジー：テクノロジーを介して得られた情報を分析し，プロセス・体制にフィードバック（①に戻る）

① **プロセス**

　標準化・最低化されたRPA導入プロセスは，骨太な導入の最も基礎

第3章 企画推進者としてのRPA推進のポイント

図表 I -3-4　大規模RPA導入計画

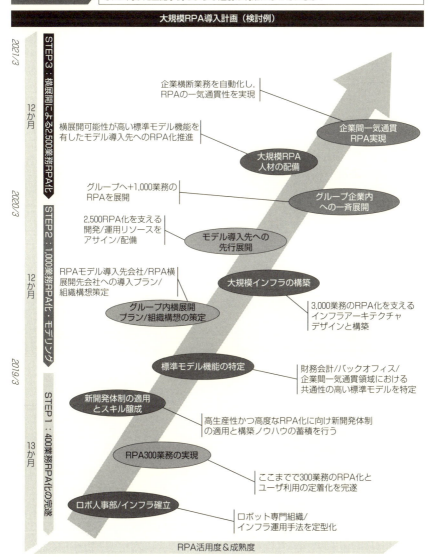

図表 I-3-5　タスク別の役割分担

プロセス明確化 / タスクフロー

【案件獲得・選定】

- **案件募集**
  - 案件募集依頼
  - RPA案件表記載/送付
- **案件提案**
  - 業務部門に対する案件提案および概要・効果確認
- **案件選定**
  - ガバナンスチェック（事務リスク/システムリスク）
  - システム制約チェック
  - 案件の1次判断（RPA可否、優先順位）

【要件定義】

- **概要検討**
  - プレヒアリング
  - As-Is業務整理
  - RPA化のスコープ検討
  - システムフィジビリティ検証
  - BPR検討
  - To-Be業務整理
  - Input/Output定義
- **開発承認**
  - 後続工程へ進むか判断
- **詳細検討**
  - 詳細ヒアリング
  - RPAロボット仕様書作成
  - 例外処理概要検討
- **要件合意**
  - 利用部門との要件合意
  - QCレビュー

※要件確定まで繰り返し、確定後の要件追加は変更管理

【設計・開発】

組織・役割明確化

タスク	利用部門	RPAコンサル	RPA開発	情報シス部門	既存システム
案件募集/提案	✓RPA案件表記載/送付 ✓案件提案受領	✓案件募集 ✓案件提案 ✓概算効果確認			
案件選定		✓ガバナンス/システム制約チェック ✓案件選定（1次判断）		✓システムガバナンス回答	
概要検討	✓RPA化事前ヒアリングシート回答 ✓プレヒアリング回答 ✓As-Is整理、フロー作成、To-Be整理（BRP含む）、フロー作成、In/Out定義	✓プレヒアリング実施 ✓As-Is整理、フロー作成支援 ✓ToTo-Be整理（BRP含む）、フロー作成、In/Out定義支援	✓プレヒアリング同席 ✓システムフィジビリティ検証 ✓（To-Be作成支援）		✓システム仕様回答
開発承認		✓To-Beフロー、システムフィジビリティをもとに後続工程に進むか判断			
詳細検討	✓RPAロボット仕様書追記（例外処理など） ✓例外処理概要検討		✓RPAロボット仕様書作成（例外処理を含む）		✓システム仕様回答
要件合意	✓要件説明	✓要件承認、合意形成 ✓QCレビューの実施	✓要件説明、合意形成サポート		

となる部分である。

　プロセス標準化によって成果物・タスクが明確化になり，品質均一化とともに属人化や都度判断を抑制し，継続可能な強い導入推進力を得ることができる。

　また，プロセス最適化により，手戻りの少ない効率的な推進が可能となる。特にノックアウトファクターをより上流工程で判断するプロセスを構築することを強く推奨する。下流工程でノックアウトファクターが検知されると，今まで当該開発に費やしてきた工数がすべて無駄になり，非常にインパクトが大きい。

　ノックアウトファクターは業務面，システムの両側面で存在する。例えば，業務面ではRPA化が禁止されている業務が対象になっている，システム面ではRPAツールで操作できないシステムがRPA化対象に含まれている，といったものが挙げられる。当該事象が検知されると開発がすべて無に帰すようなものをノックアウトファクターと呼ぶ。

② **組　　織**

　プロセスに対する体制と役割定義（Job Description）を明確にすることが，RPA導入をリソース面から強く支える。役割明確化は，リクエスト要員のスキル明確化と同義であり，認識齟齬が少ない適切な人材リクエスト・配置が骨太なRPA導入に寄与する。

③ **テクノロジー**

　RPA導入では，複数の開発案件が同時に進行する特徴があり，エクセル管理ではいずれ限界を迎える。テクノロジー（ツール）導入は，管理工数，関係者のコミュニケーション負荷低減，可用性，保守性を向上させる。テクノロジー導入は先述の管理面での効果と，分析側面の効果がある。

「分析」側面の効果がプロセス・体制の改善に大きな役割を果たす。テクノロジーの活用から得られる情報をもとにしたPDCAサイクルを実現させ、プロセス・体制にフィードバックすることで、さらなる骨太な導入プロセス・体制が実現する。

(3) たくさん作ればいいというものではない ～開発の優先順位づけ

RPAはその性質上、多種多様な業務処理が対象となり、多くのRPA開発要望が集まる。これはRPAに対する期待の表れである一方、開発リソースは特に外製での体制を採用した場合は限りがあるため、多くのバックログが発生し、RPAに対する不満につながるリスクがある。企画推進者は、KPI達成はもちろん、これらのRPA開発に対する不満を解消するためにも、開発の優先順位を明確化し、関係者と共有することが肝要となる。

開発優先順位は、「導入効果」と「導入難易度」の2つの軸で決定することが一般的である（図表Ⅰ-3-6）。

① 導入効果

導入効果には、「定量効果」と「定性効果」の2つの側面が存在する。

「定量効果」は、RPA化による当該業務の削減時間等の測定可能な効果であり、「定性効果」はRPA特性（正確性、処理速度、話題性、拡張性）から得られる測定が困難な効果である。導入初期段階では、効果測定が容易な「定量効果」が得られる業務の開発優先順位が高くなる傾向が強いが、効果は「定量効果」と「定性効果」の両側面からのアプローチが肝要となる。RPAによる定性効果が期待できる業務例には、以下のようなものがある。

第3章　企画推進者としてのRPA推進のポイント　81

図表 I-3-6　対象業務選定の考え方

業務アセスメント

観点		基準項目	優先度高	優先度低
導入効果	①	定量効果	高	低
	②	定性効果	高	低
導入難易度	③	業務適合性	高	低
	④	業務重要度	低	高

業務アセスメントの観点

業務へのRPA適用優先順位

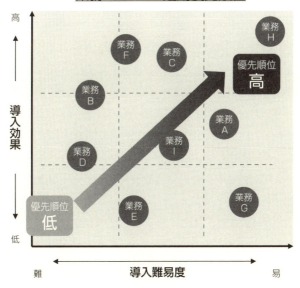

- ✓ ミスが起きやすい業務案件（正確性）
- ✓ 現状における業務リスクがある業務案件（正確性）
- ✓ リードタイムが短い業務案件（処理速度）
- ✓ 政治案件である業務案件（話題性）
- ✓ ニュース性がある業務案件（話題性）
- ✓ 横展開が期待できる業務案件（拡張性）
- ✓ 季節変動での対応要員変動が大きい業務案件（拡張性）

② 導入難易度

「導入難易度」は，業務適合性（RPAとの該当業務の相性がよいか）の評価となる。RPAとの相性は，「業務フィジビリティ」「システムフィジビリティ」の2つの側面からのアプローチが必要である。以下に業務フィジビリティ，システムフィジビリティのアプローチ例を示す。

- ●業務フィジビリティ
  - ▶RPA導入ポリシーとして，ロボットに実施させてよい業務であるか
    例）人が実施すべき承認行為がRPA化の範囲に含まれていないか
  - ▶人による判断（ルールの明確化）ができない要素が含まれていないか
    例）定性的な要因で人が判断している業務が含まれていないか
- ●システムフィジビリティ
  - ▶導入しているRPAツールは該当業務で利用するシステム・ツールを操作可能であるか
    例）社内特有の業務システムはどの程度の精度で操作可能か
  - ▶処理パフォーマンス観点での要件を満たすことができるか
    例）業務リードタイムに耐えうるパフォーマンスであるか

第3節　骨太な開発の進め方

(1) 作り手を見極める

　RPA開発には，通常のシステム開発と同様に「要件定義」「設計」「開発」のステージが存在する。RPA導入初期段階，特にPoCの段階では，少人数のアジャイル形式でRPA開発を行うことが多く，明確に「ステージ」と「役割」を定義しないことがある。一方，大規模展開の段階では，「ステージ」と「役割」を明確に定義した推進体制が求められる。アジャイル形式のRPA開発は，ヒアリングから開発までを一気通貫で対応できるスキルフルな要員が必要となる。しかし，このようなスキルフルな要員はRPA市場に限られているため，大量にアサインすることが困難であり，またコストが高いことも忘れてはならない。

　企画推進者はRPA開発に必要な要素・スキルの全量を見極めたうえで，「ステージ」と「役割」を適切に分解・整理する（作り手を見極める）ことが重要である。上記整理によって要員のスキルが明確になると同時に，要員の調達難易度が下がり，大規模展開に向けた要員の安定確保につながるのだ。

　図表Ⅰ-3-7は，大規模展開に向けた「ステージ」と「役割」の一例である。

① ヒアリング・要件定義

・ステージ概要
　RPA対象業務のヒアリングを実施し，RPA化後の業務フローを作成する。RPA化の対象範囲と要件を業務ユーザーと合意する。
・成果物例

図表 I-3-7　開発の関係者ごとの役割

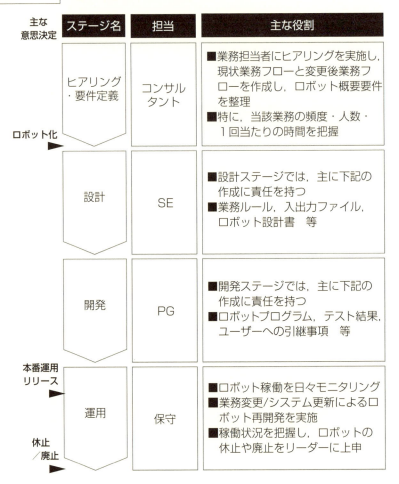

業務フロー（As-Is），業務フロー（To-Be）

・作り手と求められるスキル

　コンサルタント：RPA化対象業務およびRPA特性を概要で理解し，対象業務の適切なRPA化範囲を判断できるスキル

② 設　　計
・ステージ概要
RPA化後の業務フロー（To-Be）をもとに，業務インターフェース（IF）やロボットの詳細仕様，例外処理の設計を行う。
・成果物例
ロボット仕様書（設計書）
・作り手と求められるスキル
SE（システムエンジニア）：RPA化対象業務の詳細理解とRPA特性詳細を理解し，IFレイアウトを含めたRPAの設計（例外処理含む）を遂行できるスキル

③ 開　　発
・ステージ概要
ロボット仕様書をもとに，RPAの実装・テストを行う。テスト完了後に業務ユーザーへの引継ぎを行う。
・成果物例
ロボット（ソースコード），ユーザーマニュアル（操作手順書）
・作り手と求められるスキル
PG（プログラマ）：システムに対する広く一般的な知識を有し，RPA製品を実装レベルで理解・体現できるスキル

(2) 外製か内製か

多くの企業でRPA導入における大きなテーマとして，「RPA開発・運用を外部に委託するか，内製化するか」が議論されている。「外製」・「内製」ともにメリット・デメリットが存在するため，一概にどちらが

優れているということではなく，企画推進者は自社の状況に合わせて選択することが肝要である。

また，RPAの構築・運用を「外製（集中型）」・「内製（分散型）」の2択ではなく，内製と外製の両側面の性質を有する「ハイブリッド型」も選択肢として検討することを推奨したい（図表Ⅰ-3-8）。

- ●集約型（外製）
  - ▶（メリット）ナレッジの集約，高度な標準化，高度な導入力
  - ▶（デメリット）大規模需要に迅速に対応できない
- ●ハイブリッド型
  - ▶（メリット）構築リソースの高いスケーラビリティと標準化と高い気機動力の両立
  - ▶（デメリット）二重統制が起きるリスク
- ●分散型（内製化）
  - ▶（メリット）構築リソースの高いスケーラビリティ，高い機動力
  - ▶（デメリット）ナレッジの分散，標準化の欠如，部門間における重複投資のリスク

外製と内製の関係では，「リソース（構築リソースのスケーラビリティ，機動力）」と「ガバナンス（ナレッジ集約，標準化）」がトレードオフの関係となる。ただし，リソースもガバナンスもRPA導入においてはトレードオフにできないのが実情である。企画推進者は，トレードオフになってしまう要素を自社でどのように手当てしていくことができるかを踏まえて，「集約型（外製化）」「ハイブリッド型」「分散型（内製化）」の選択をすべきである。

また，時系列で考え，RPA導入初期段階は「集約型（外製化）」を選択し，ガバナンス構築（ナレッジ集約，標準化）を先行させ，その後に「ハイブリッド型」「分散型（内製化）」することも有用な手段となる。

図表 I-3-8　集約か，分散か

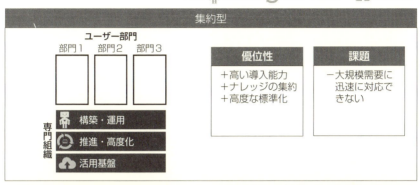

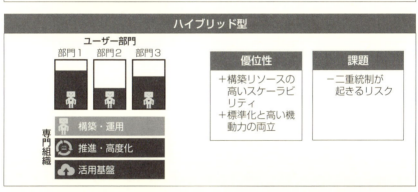

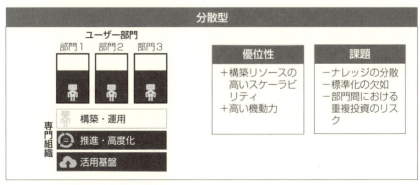

いずれにしても，企画推進者は構想に基づいたRPA導入のあるべき姿を見据えて臨むことが肝要である。

なお，内製化を選択する場合は，当然だが要員育成・教育が必要となり，RPA導入計画の段階で要員育成計画の考慮が求められる。「ステージ」と「開発難易度」でのスコーピングが内製化推進のポイントとなる。

- ステージ
  どのステージ（要件定義，設計，開発）を内製化するのか
- 開発難易度
  どの開発難易度までを内製化するのか

(3) 標準化か部品化か

RPA導入初期段階から大規模展開へのシフトには，「開発リソース」と「役割」の側面での変化が起こる。開発リソースの側面では「開発リソース増加」，役割の側面では「分業化」が進むことになる（図表Ⅰ-3-9）。

開発リソースの増加に伴い，「効率的な開発」「開発者間での品質のバラツキ」が課題としてより顕著になる。導入初期段階では開発者が少人数に絞られていたため，開発部品の再利用や開発ルールが暗黙的に共有されており，課題が顕在化しない，もしくは顕著な課題とならないことあるが，リソース増加に伴い顕著になる。

また，分業化に伴い，「引継ぎにおける認識離齬」が課題となる。導入初期段階では，ロボットの開発担当者が新規開発，保守，運用監視のすべての役割を担う自己完結型で推進するため，「引継ぎ」という行為が発生しない。一方，大規模展開では，新規開発，保守，運用監視の役割の分業化が進むため，必ず「引継ぎ」が発生する。この「引継ぎ」の

図表 I-3-9 効率よく，かつ品質を担保した開発を実現する備え

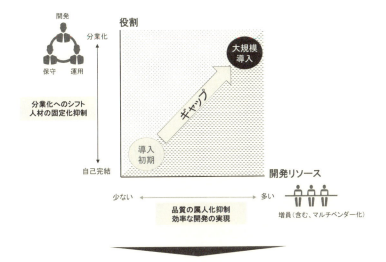

際に，共通認識のベースとなるものがないと，認識齟齬や都度の合意形成が発生し，分業化推進の障壁となる。

なお，上記の課題は単一ベンダーからマルチベンダー体制への移行する場合はより顕著になる課題であるため，企画推進者は，より高い視点から取り組むべき課題となる。

- ●開発リソース増加に伴う課題
  - ▶開発部品が共通化されていないことによる非効率な開発
    - 例）共通的に再利用可能な部品を開発担当者が個別に開発・テストし，非効率な開発を行ってしまう
  - ▶開発担当者間での品質のバラツキ
    - 例）開発担当者間でのエラーハンドリングのやり方・精度が異なり，品質が安定しない
    - 例）開発担当者間でのコーディングのルールが異なり，可読性が損なわれる（保守担当者への引継ぎに大きく影響する）
- ●分業化に伴う課題
  - ▶共通認識のベース不足による非効率な都度合意形成，認識齟齬の発生
    - 例）開発担当者間での開発ルール（命名規則・コーディングルール等）の違いによって，保守担当者が都度理解のベースラインを構築する必要が生じる
    - 例）開発担当者間での運用監視ルール（ログ出力内容，タイミング，ユーザーへの通知方法等）の違いによって，運用担当者が都度理解のベースラインを構築する必要が生じる
  - ▶引継ぎが進まないことによる新規開発の停滞
    - 例）保守担当者への引継ぎが進まないことによって，保守案件対応が差し込まれ，新規案件の開発に着手できない
    - 例）保守担当者の理解が進まず，保守案件が発生するたびに開発担当者の問い合わせ対応工数が発生する

　上記課題への対応策として，「標準化」や「部品化」検討を勧めたい。標準化は，「RPA開発標準」「RPA開発フレームワーク」，部品化は「再利用可能な共通部品」が成果物となる。

- 標準化
  - ▶RPA開発標準
    開発の各種ルールを体系的に定義したドキュメント。具体的には「信頼性」「保守性」「移植性」「効率性」等のシステム要件に求められる事項をRPAとしてどのように実現するかを定義するものである。RPA開発標準を定義・遵守することで，開発・保守・運用間の共通認識のベースが構築され，分業化における課題への有効な対策の1つとなる。また，開発のルールが明確化されることで，開発者間の品質のバラツキに対しても有効な対策となる。
  - ▶RPA開発フレームワーク
    開発上の共通ルールをあらかじめ実装したプログラムの集合体であり，開発者は開発フレームワークをベースに固有業務の箇所のみを開発する。
    先述のRPA開発標準で定義した内容の一部をあらかじめ実装（体現）しており，開発者の負担を低減すると同時に，品質の均一化に寄与する。
- 部品化
  - ▶再利用可能な共通部品
    複数のロボットで共通する処理がある場合は，該当処理部分を切り出して再利用可能な共通部品とする。先述の開発フレームワークは，例外なくすべてのロボットの共通な処理（機能）を提供することになる。
    一方，部品化ではすべてのロボットに共通はしないが，複数のロボットで共通するものを再利用可能な共通部品とすることで開発効率性・品質向上が期待できる。企画推進者はRPA導入プロセスと体制の側面から，「部品化」を推進するスキームを検討する必要がある。

第4節 骨太なロボット運用と保守

(1) RPA運用保守を強力にドライブする中枢組織

① RMOとは

　先のRPAプロジェクト体制図で触れたように，RPA導入・運用においてはRMO（Robotic Management Office）というチームが設計されている。当チームはRPA大規模展開において，ロボット維持／定着を担い，PDCAを回す中枢組織であり，必須の組織となる。

　そもそもなぜ，RPAプロジェクトにおいてRMOが必須なのか。それはRPAプロジェクトの特性が大きな要因となっているのである。基幹システムの導入や更改プロジェクトの場合，一般的にウォーターフォール型で要件定義，設計開発，テスト，リリース，と1〜2年程度を要し推進していく。この際，当然おのおののタスクはその間，1度ずつ訪れるため，例えばテスト計画や運用マニュアルなどはプロジェクト開始から半年後に作成すれば問題はない。

　一方，RPAの導入の場合，1体当たりのロボットは2週間〜2か月で完成される。つまり，RPAはアジャイルな導入スタイルであるがゆえに，プロジェクト開始からすぐに，月間数体から数十体のロボットが誕生し，PDCAの実現を目指したRPA運用が始まるのである（図表I-3-10）。

　上記のような背景から，RMOの早期な立上げと活動開始がRPAプロジェクトでは必須となるのである。

第3章 企画推進者としてのRPA推進のポイント 93

図表 I-3-10 RPAはアジャイル開発が常

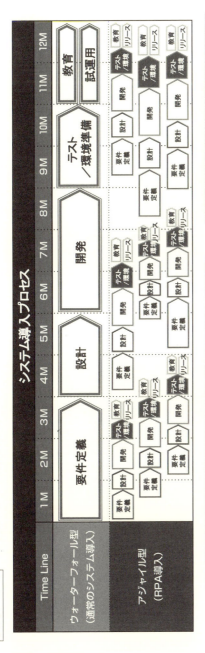

② **RMOの役割**

具体的に，RMOには何が求められるのだろうか。RMOの意義（期待）の1つは，PDCAのPとDに当たる部分，つまり，「ロボット配属のコントロールタワーとして，スケジュール，端末等の調達依頼，ID等の申請を管理・調整することで，各組織へ遅延のないRPA環境の提供を担う」ことである。もう1つは，PDCAのCの実施とAの依頼に当たる部分，つまり，「配属後のロボットの稼働・実行状況を管理および問い合わせ対応をすることで，RPAの利用促進と定着化に向けた各作業担当およびPMO，コンサル担当への情報提供を担う」ことである。

RMOが推進すべきタスクは以下の4つである。

① PC端末配属
- ▶各組織へのRPAリリーススケジュール管理と作業予定をもとにしたスケジュール調整の実施
- ▶RPAリリースに向けた各種調達および調達依頼（端末，ライセンス，ソフトウェア，ID等）

② PC端末およびロボットの稼働管理
- ▶ロボットの稼働状況の把握と利用促進に向けたエスカレーションの実施
- ▶ロボットのエラー発生状況の把握と改善に向けたエスカレーションの実施

③ PC端末，およびロボットに関する問い合わせ受付
- ▶各組織からの問い合わせ，および運用管理基盤のアラートに対する2次受付対応の実施
- ▶2次受付後に分析を実施し（切り分け），3次対応先へのエスカレーション実施

④ ロボット戦略

> ▶戦略的RPA化計画の立案
> ▶ロボットカタログの作成，更新
> ▶適材適所へのロボの配属戦略立案
> ▶既存ロボの横展開，戦略的マイグレーション
> ▶ロボット性能，リリース効果の評価
> ▶稼働状況，稼働内容の管理

　これらのタスクを遂行し，RMOはRPAプロジェクトにおける運用保守態勢を保全していく。特に①〜③の取り組みにおいては，先行フェーズの開始後すぐに，立上げに向けてアクションを開始することを推奨する。

(2) RMOは運用保守のコントロールタワー

　ROMは先のタスクを遂行するにあたり，主にロボットのリリース後に各種チームメンバーと継続的なコミュニケーションを推進していく（図表Ⅰ-3-11）。
　一義的には，RPAリリース後のフェーズにおいては「管理（Manage）」「調整（Arrange）」の取り組みをリードし，上記タスクを遂行していくのである。
　しかし，RMOの関連タスクはそれだけにとどまらない。「意思決定（Decide）」の取り組みにおいても，RPAリリース担当，コンサル担当，PMOと連携をしつつ，RPAプロジェクトの方向性判断に関与していくのである。
　さらに「実行（Action）」の取り組みにおいては，RPAリリース担当，インフラベンダーと連携しつつ，RPAプロジェクトの実行判断についてもフィージビリティを考慮したうえでフィージビリティ判断について

図表 I-3-11　RMOによる運用保守

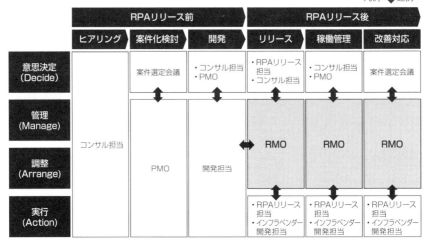

助言を行っていく。

このように，RMOは運用保守フェーズにおいて，導入メンバーたちと継続的・リアルタイムなコミュニケーションをとりつつ，ロボットの一挙手一投足を管理・監督し，ロボットが問題なくユーザー環境で稼働されていることを維持・促進していくコントロールタワーとして機能するのである。

(3) さらに広がるRMOの業務内容

すでにお気づきかもしれないが，図表 I-3-11においてRMOは「RPAリリース前の開発担当」とも矢印で連携をしている。これは何を表しているのか。答えは「RPAリリース前のフェーズに対してRMOも参加していくことによる，プロアクティブなRMOのプロジェクト貢献」を意味しているのである。つまり，RPAがリリースされた後にRMOが数々

の対処をリアクティブに行うのみでなく，トータルの対応コストを事前に最適化していくという戦略に立脚した施策が狙いなのである。

具体的にRMOがどのようなことをプロアクティブに仕掛けていくか。それは下記2点が挙げられる。

① 開発されたロボットの品質管理レビューへのRMOメンバーの参画

ロボットのリリースにあたっては，「要件に漏れがないか」「設計に考慮漏れはないか」「ロボットが設計どおりに作られているか」などの観点によるレビューを開発者が実施し，手戻りの低減とロボットの品質向上を図ることが重要である。そのような目的のもとに行われる品質管理レビューだが，開発メンバーでのみ，当レビューを行うだけでは，完全なリリースは行えない。

なぜか。それは，このロボットを受け取り，定期的なメンテナンスを行うRMOメンバーの視点を含んだレビューをしないと，結局はリリース後に発生するユーザーとの認識離齬，想定しなかったビジネスケースへの修正対応が発生するためである。ただ，そのような実装方法に起因する問題については，RMOとして問い合わせを繰り返し受けている場合もあり，その背景から，品質管理レビューには，RMOメンバーも参画し，水際対策として，頻出している問い合わせについてプロアクティブに助言を行えることもあるのである。その理由から，当フェーズからRMOメンバーを参画させることを強く推奨する（図表Ⅰ-3-12）。

② 開発者のノウハウ／Tips共有の場へのRMOメンバーの参画

RPA導入が大規模化されるにつれ，RPA構築ベンダーはマルチベンダー化していくケースが多い。そこから発生するイシューとしては「有益なRPA開発のノウハウの共有」が挙げられる。

図表 I-3-12 品質レビューの考え方

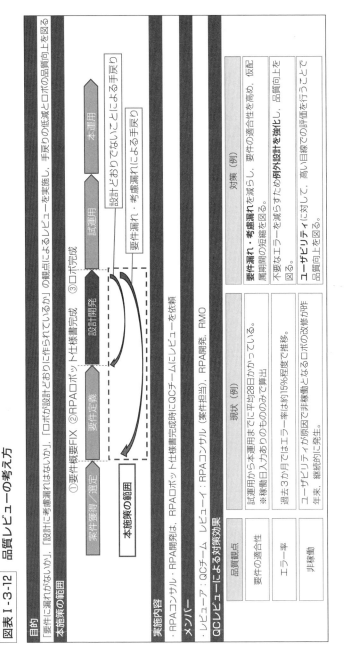

図表Ⅰ-3-13　効果的なナレッジマネジメント

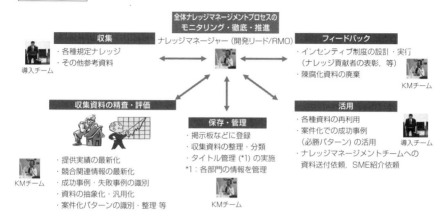

　マルチベンダー型RPA導入プロジェクトにおいては，開発会議を週に一度くらいのペースで開催し，各社が発見／検知したRPA実装に関するTipsを共有する場を持つことが開発生産の向上に大きく寄与する。

　ここで重要となってくるのは，日々問い合わせを受け，RPAに関する改善要望を把握しているRMOメンバーが保有している改善点も漏らさずTipsとしてプロジェクト内にシェアすることである。

　図表Ⅰ-3-13に示したように，ナレッジマネジメントのリーダーは，さまざまな業務シーン，開発プロセス等から発生した事案をもとに，クレームのみならず，より効果的・効率的にRPA開発をアクセラレイトとするTipsが収集されてくる。

　当然，収集されるさまざまなRPA関連の情報は，開発フェーズのみならず，運用保守フェーズが効率的に推進できるためのTipsも含まれてくる。そのためにも，当フェーズからRMOメンバーが参画し，開発メンバーと相互に情報交換していくことを強く推奨する。

第4章

業務ユーザーの関わり方

　前章では，RPA導入における企画推進者の重要性，そして，企画推進者がいかにRPA導入の最終形を描き，推し進めていくべきかについて述べてきた。しかしながら，いかに企画推進者がスキルフルで，昼夜を問わず稼働しようとも，ユーザーの積極的な関与なくしてRPA導入の成功は成しえない。これは，一般的な業務システム導入よりも顕著に表れるRPAの特性ともいえる。本章では，RPA導入においてユーザーが担う役割と，ユーザーの力を最大限活かすためのポイントについて述べていこうと思う。

　まず第1節では，RPA開発におけるユーザーの役割（企画推進者との分担）と，ユーザーを巻き込んでいくうえでの注意点を述べる。第2節以降で，各フェーズにおける具体的なポイントを掘り下げていく。

第1節 RPAを「ユーザーのモノ」にしてもらうために

(1) ユーザーと企画推進者の役割分担

　RPA導入におけるユーザーの役割定義の仕方は，大きく分けて以下の2パターンに分けられる。

▶ロボット開発を企画推進者が実施する
▶ロボット開発をユーザーが実施する

　開発の主体をどちらが実施するかという点が最も大きなポイントで，それによって各フェーズでの役割分担も変わってくる（図表Ⅰ-4-1参照）。

図表Ⅰ-4-1　企画推進者とユーザーの役割分担

フェーズ	タスク	企画推進者が開発を実施する場合	ユーザーが開発を実施する場合
案件選定／獲得	案件候補の提示	ユーザー（＋企画推進者からの提案）	ユーザー
案件選定／獲得	案件の選定（実施可否と優先順位の決定）	企画推進者	ユーザー
要件定義	対象業務に関わる情報提供（ヒアリングへの回答，など）	ユーザー	ユーザー
要件定義	業務フロー整理，要件定義	ユーザー（ドキュメント作成は企画推進者）	ユーザー
設計開発	ロボットの設計，実装，テスト	企画推進者（ユーザーはレビューを実施）	ユーザー（企画推進者が支援）
設計開発	ロボットを使った業務の試運用	ユーザー	ユーザー
運用／保守	ロボットの集中監視	企画推進者	企画推進者
運用／保守	保守開発	企画推進者	ユーザー
運用／保守	運用を経た改善の起案	ユーザー	ユーザー

　ユーザーが開発することができるのか，という点については後述する（第3節）として，ここで注目をしていただきたいのは「企画推進者が開発の主体を担うとしてもユーザーが担う役割が多い」ということであ

る。

　一般的な業務システム開発でもそうでしょう，と思う読者もいらっしゃると思うが，一般的な業務システム開発は，想定の課題とシステム化要件があり，システム仕様と業務運用をセットで検討することが多い。一方でRPA開発のメインターゲットは「すでにある業務の置き換え」であり，ロボットには業務におけるユーザーの一挙手一投足を叩き込まなければならず，また，開発規模が小さく短期間で開発サイクルを回していく必要がある。そのため，ユーザーがより当事者意識を高く持って，精度の高い情報提供とクイックなレスポンスをしていかないと「早く上手く安く」ロボットを開発することはできない。

(2)　ユーザーを「お客様」にするな

　企画推進者で開発の主体を担う場合，ユーザーはおおむねリアクティブにアクションをしていくことになる。作業主体である企画推進者が作業を主体的に進めるのは効率的な進め方ではあるのだが，タスクの推進すべてを企画推進者が担うことになるため，ともするとユーザーの当事者意識が薄くなってしまい，推進が滞ってしまう，あるいは企画推進者ばかりに負担がかかり効率が悪くなってしまう，ということが起こりがちであることに注意したい。図表Ⅰ-4-2は具体的な例を示したものである。

　図表Ⅰ-4-2のような「あるある」の原因は要約すると以下である。
　▶RPAの理解に努めておらず，案件選定や要件定義の精度が低い。
　▶部署の責任者が開発に必要な作業や量を理解しておらず，アサインがコミットされていない（担当者が動こうと思っても時間がない）。
　▶企画推進者が全部やってくれると思っていて自分から動く気がない。
　このような「あるある」を避けるためには，企画推進者が「(自分た

| 図表Ⅰ-4-2 | 陥りがちな罠 |

フェーズ	ユーザーの当事者意識が薄いと起こりがちな状況　具体例
案件選定／獲得	✓案件候補が出てこない，RPAの説明会にも出てこない ✓案件候補がRPAにマッチしていない ✓使用頻度や想定効果の算定が雑で精度の低い数値が出てくる
要件定義	✓いつまで経っても質問への回答が出てこない ✓打ち合わせの場に出てくる以外の作業を実施してくれない（手を動かしてくれない） ✓下位の作業者だけに丸投げしていて業務プロセスの変更や標準化の判断ができない
設計開発	✓レビューの日程が何度もリスケされる，必要なレビューアが出席してくれない ✓試運用の完了条件の設定があいまいで期間がずるずる伸びる ✓業務多忙や不慣れを理由に，試運用がなかなか実施されない
運用／保守	✓業務多忙や不慣れを理由にいつまでもロボットを使ってくれない ✓課題が発生しているのに放置してロボットの使用頻度が落ちる ✓改善案のフィードバックや次の候補案の提示を依頼しても意見が出てこない

ちが目標としたKPIを果たしたいがために）RPAを使ってください」という姿勢にならず，あくまで「RPAを導入したい，ロボットを活用して業務を楽にしたいのは自分たち自身なのである」ということをユーザーに自覚してもらい，対等で建設的な関係性を構築する必要がある。時には「やりたくないなら，やらなくていい。他の手段で効率化を果たしてくれ」と突っぱねるくらいのことを言えるようにしていきたい。具体的な打ち手の例を以下に挙げる。

▶RPA企画推進の部署から単独でユーザー部門にアプローチするのではなく，双方の上位に当たる職位（CEO，CTO，など）から，全部門に対して推進の意義と活動の方向性を落とし込む。

> ▶該当部署でRPA開発を開始する際に，部署の責任者（部長クラス）に取り組みの内容と想定する効果，担当者への依頼作業の内容・量について説明を行い，明示的にRPA開発のためのアサインメントをコミットする。また，担当者の時間が確保できないなどの理由で遅れが出る場合には，対応を中止する，対応時期を劣後させるなどの対応をとることを宣言する。
> ▶担当者の対応の遅れによりスケジュールに影響が出る場合には，アサインを行った責任者にも必ず連携を行い，対応の改善やアサインの見直しを依頼する。

　組織としての大義名分を作ったうえで，責任者／担当者双方のRPAの理解，担当者のアサインをコミットさせることによって「RPA導入をユーザー自身のモノ」にすることができれば，導入の効果・スピードは何倍にもなっていくはずだ。

(3) ユーザーを「その気」にさせるために

　開発を企画推進者が担うとしても，ユーザーが担うとしても，案件選定や導入後の改善の起案はユーザーが主体となる。いくら全社的な取り組みとしての大義名分やKPIがあったとしても，それだけでモチベーションを持って積極的に起案を行ってくれる部署は限られてしまう。また，推進に協力をしてくれるユーザー担当者が評価もされず「やり損」になってしまうと，一過性のブームとなってしまい，継続して改善に取り組んでくれる組織も担当者も徐々に減っていってしまうことになる。具体的なアクションの例として以下を挙げる。

- ▶企画推進組織のKPIとしてだけでなく，各部門でKPIを設定する（各部門のKPIについては，RPAに限定せず業務効率化のKPIとして，選択肢の1つとしてRPAを掲げるのも一手）。
- ▶導入事例や効果について広報活動を行い，部門間での競争を促す。縦割りで他部門の成果を気にする文化の組織では特に有効。
- ▶特に効果が大きかった成功事例については，広報や表彰を通じて評価をする。担当者にもインタビューなどで露出をしてもらい，組織内でのプレゼンス，モチベーションの向上を促す。
- ▶担当者の貢献については人事評価に反映をする。担当者のアサイン時点で責任者に対して人事考課の目標に組み込むことを促せるとベター。
- ▶貢献度の高い担当者については，企画推進側から責任者にフィードバックをする。担当者のプレゼンスをさらに高め，よりスムーズに活動を継続することができる。

ただやらねばならぬ，頑張りましょう，という声掛けをするだけではなかなか動いてくれない。ユーザーの背中を押すためのアクションが取れないか，ここを考えるのも企画推進のポイントとなる。継続的に打ち手を考案，実行することで，当たり前のこととなることを目指したい。

第2節　ユーザーと考える「ロボットとともに働く姿」

(1) ロボットとの共存とは〜気持ちのよい朝の始まり

前節にてユーザーの役割について述べたが，ユーザーにとって「ロボットとともに働く」というのはどのような姿か。まず，どのような姿であれば気持ちよいのかちょっと想像してみてもらいたい。

朝出勤すると，ロボットが夜な夜なデータを集計し，一定のルールに従い加工済みのレポートを私宛にメールしてくれている。私はそのメールの添付を開き，内容を確認したのちに上司へ報告する。そうしているうちに，A部署より毎週連携してもらっている例のレポートを送ってくれないかと頼まれる。私は了解と返答し，先ほどの夜な夜な加工されたレポートをさらにちょっと変更してA部署に送る必要があるため，A部署連携加工用ロボットをその場で起動し，席を外した。今朝はちょっと急いでいたので，毎朝の欠かせないコーヒーにまだありつけていない。ささっとトイレを済ませつつ，会社の1階に併設されているカフェにモーニングのコーヒーを買いに行き，席に戻る。すると先ほどの連携用加工ロボットがA部署用レポートの生成が完了したことをメールしてきているので，私はA部署へそのメールを転送した。ロボット導入前には全部で1時間近くかかっていた仕事があっという間に終わったな。さて，今日もこの調子で，前々からやりたいと思い温めてきた抜本的な業務改善企画書の仕上げに取り掛かろう。

　ロボットのことを初めて聞いたときは自分の仕事が取られてなくなるのではないかと心配したけど，案外共存できるものだな。うむ，結構いいヤツらじゃないか。

(2) 私もロボット化したいです……

　これまでも本書で述べているように，われわれはロボットと人間は共存可能だと考えており，先のようなユースケース（もちろん一例だが）は気持ちよい共存の1コマではないだろうか。

　では，先のようなユースケースを作り出すためにユーザーが気にすべきことは何か。それは「ユーザーが自分（たち）に寄り添うロボットを自分たち主導で作っていくこと」にある。

その中でもまず"自分たちの業務が楽になる業務プロセスを選定できるか"が最初のポイントだ。つまり，業務に密接したロボットが作れるか否かが重要と考えており，業務を真に理解しているのはシステム部門や外部のコンサルではなくユーザーであり，ロボット化対象業務の抽出＝案件発掘は，ぜひともユーザー部門に頑張ってもらいたいところである。

ただ，いきなり対象業務候補を挙げてくださいと言って，できる人はまずいないだろう。ユーザーが自分に寄り添うロボットを作るためには，そもそもロボットとは何か，何ができるのかを理解する必要がある。ただ，さらに厄介なのがこの"理解する"という活動だ。ユーザーには理解が早い人もいれば，遅い人もいる。まずこの部分をどのようにクリアしていけばよいか例を示しながら考えてみたい。

(3) 案件発掘のコツ〜まずロボットを理解しろと言われても

最初に答えを言ってしまうが「百聞は一見に如かず」がベストプラクティスだ。ユーザーは最初から難しい机上学習やセミナー等には行かなくてよい。その代わり，社内で試験的に作られたロボットのお披露目会に積極的に参加して欲しい。参加して，なんとなくできていることを見て学び，自分の業務もどこか一部分でもロボット化が可能かどうか，一生懸命妄想して欲しい。

一方，全社推進組織（CoE）はぜひこの部分を手厚くサポートしていただきたい。ユーザーを巻き込む案件発掘の初期段階においてはCoEの積極的サポートが必須であり，具体的には以下３点がポイントとなる（図表Ⅰ-4-3）。

① パイロットロボットの構築主導
② ロボットお披露目会の開催主導（なるべくたくさん，多くの人

図表Ⅰ-4-3　案件発掘のコツ

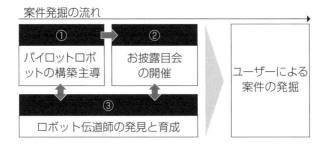

に）
③　ロボット伝道師の発見と育成

(4) 進め方の手引き

① パイロットロボットの構築

　まず，パイロットロボットの構築（①）についてだが，こちらはCoE主導のもと，ユーザーヒアリングなども存分に引っ張っていってほしい。
　具体的な進め方は第3章で述べたとおりだが，ユーザー目線で見た場合，この段階では多少ユーザーを置いていってしまってもよいと考える。このステージは目的を素早く達成することに着眼し，その後のお披露目会につなげる通過点であることを意識したい。
　ユーザーの協力を得る場合は，本取り組みに対する積極性を最も重要視してほしいが，業務のキーマン的現場リーダーか，比較的ITに詳しいスペシャリスト系ユーザーを選定できると，なおよい。この段階でユーザーの協力を得ることが難しい場合はCoE自らがユーザーとなり，自己業務をロボット化する方法でもよい。

② お披露目会の開催

次に,お披露目会（②）だが,大規模開催を数回というよりは,20名前後の小規模開催を根気よくいろいろな部署やチームに対して実施してほしい。

ここで重要なのは,お披露目する側と観客（ユーザー部署）の対話であり,直接的コミュニケーションを通して理解は一気に深まると考える。「百聞は一見に如かず」だ。

また,このお披露目会では対象業務のロボット化に協力してもらったユーザーに,ぜひとも"苦労話"をしてもらうとよい。自分のロボットとの出会いから,CoEに巻き込まれた経緯,さらには実際に業務をロボット化していく際に見て感じたリアルを語ってもらうことにより,観客はより引き込まれるだろう。

積極的な意見や質問が出るような雰囲気作りに努め,CoEの担当者も含めて活発な意見交換を期待したい。

③ ロボット伝道師の発見と育成

最後に,ここまでの活動の中でロボット伝道師の発見と育成（③）について意識してほしい。ロボット伝道師（図表Ⅰ-4-4）とは,部署内やその他の知り合いにロボットの効果効能を広めてくれる人の意で,各ユーザー部門・部署内の取り組みをリードしてくれる存在のことだ。逆説的にいうと,一度に全社員に対してロボットの理解を一律に広める・深めるといった進め方は諦めよう。膨大な量力を伴う割には全員理解という成果の刈り取りは極めて難しい。ロボットは「小さく作って大きく育てる」の精神で,ここでも理解者を小さく作って,早期の理解者＝伝道師を伝い,少しずつ,だが確実に全社内に浸透させていこう。

話を戻すが,特に導入初期においてはCoEよりロボット伝道師への直

接コミュニケーションが望ましい。数名〜10名程度の想定だが、このメンバーにはCoE主催で定例会などを設け、ロボットができることや各メンバー同士の取り組み状況の共有ないしは情報交換ができる場を提供し、しっかりと理解の深耕をサポートしてほしい。「お披露目会はなるほどわかりました。で、私の業務って……？」という問い掛けがよくあるのだが、その質問者はまだロボットがイメージできていないだけであり、その方に事例や机上での追加講義をするよりは、近しい伝道師の理解を高めることに注力するほうが全体論としては合理的だ。伝道師はそのメンバーが第2のパイロット構築やその後の案件発掘、はたまた今後の各ユーザーの理解を身近に助けてくれる重要な人物となるからだ。先ほどの質問者には近しい伝道師から個別にフォローしてもらう方向に持っていきたい。

　補足だが、②のお披露目会で何度も"苦労話"してもらうのが難しい場合は、CoEにて次のターゲット部署を選定し、小さく展開することも検討したい。そこで、次のロボット伝道師を発見・育成し徐々に本取り組みの外郭を広げていくのも戦略の1つと考えたい。

図表 I-4-4　ロボット伝道師に期待する役割

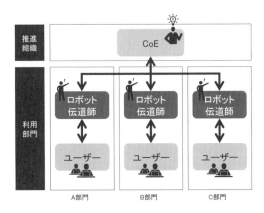

(5) 発掘された案件をどう管理するか

ロボット伝道師との丁寧なコミュニケーションを続ければ、ユーザー部署からも少なからず案件は発掘できるであろう。さらなる多くの案件を期待したり、継続的な発掘を期待したり、運用の中で改善案件が出てきたりと、運用管理についてもユーザー目線でどのように管理するべきかについても言及したい。

方針やプロセスについては第3章で述べたとおりであるが、ユーザー目線ではその"状態の可視化"を意識してほしい。

ユーザーは発掘した案件が「採用されたのか？」「いつ着手されるの？」「開発状況はどうなっているの？」「いつから使えるの？」といったように、さまざまな疑問や心配をすることだろう。この管理をCoE内で閉じてしまい、ユーザーにうまく可視化できていないと、やがてそれは不信感に変わってしまう。繰り返すが、ユーザーを味方にし続けるポイントの1つは状況の可視化だ（図表Ⅰ-4-5）。

図表Ⅰ-4-5　ユーザー部門への情報可視化

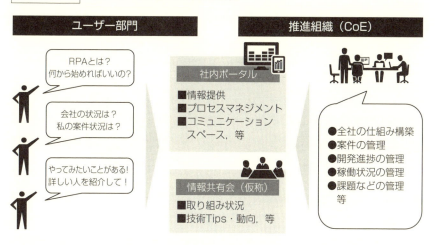

実際の管理方法については，規模に応じてではあるが，先のロボット伝道師に対する定期情報共有会だけではアナログ的であり限界もあるので，システムツールの採用も積極的に検討したい。社内イントラページや，Salesforce等の情報共有ツールがそれに当たる。

第5章にて情報システム部門も巻き込んだインフラ環境について詳しく言及しているが，「あなたが発掘してくれた案件は，順番待ちとして何番目で，いつ頃着手される予定です。また，現時点では1体のロボット作成に平均○期間ほどかかっています（なので，おおよその完成時期を予想してくださいね）」といった要領が，常時ユーザーに可視化できることが望ましい。

第3節　ユーザーでもロボット開発できる？

RPAの導入や大規模展開を想定した時に誰しも一度は考えるであろう本議題だが，またしても結論から先に述べるとすれば「もちろんユーザー部門での開発は可能だが，やっていい案件はちょっと選んだほうがよい」という答えになる。

(1) ユーザー部門でのロボット開発〜とある1コマ

ある日出社すると，上司より1通のメールが届いていた。何でも当部署でAI（人工知能）の導入を検証することになったらしく，つきましてはAIに学習させるデータを収集し送って欲しいとのこと。

私は依頼データの内容を見ながらどのように収集するかを考えてみたが，どう頑張っても，とある社内サーバのフォルダに保存された1,000以上のPDFファイルから，特定のページのレポートをExcelに抜き出すしかなさそうだ……あぁ，考えただけで気絶しそう。修行の

ような作業だな。

　１つ１つのファイルを開いて特定のページに移動し，特定のセクションのレポートをコピー＆ペースト。ちゃんとコピーされたか確認して，ファイルを閉じて，また次のファイルを開いて……

　さて，誰しもが前述の１コマのような苦い思い出が１つや２つあるのではないだろうか。今思い出しただけでもなんて残酷な作業。
　少々気持ちが落ち込んだかもしれないが，この後の明るい展開のために前述の１コマをもう少し具体的に考えてみよう。
　この手の作業はPDF上でコピーのためにカーソルを動かしてもうまく範囲選択できないこともありそうで，イライラすること間違いなし。１時間に100個のファイルを処理しても，業務時間内に終わるか怪しいものだ。そもそも，１時間当たり100ファイルのペースをキープするのも難しいのでは。
　そんな作業をせずに済むソリューションがあったような気がするが，調べる時間と確か有償なので購入の稟議を出さなくてはならず，AI検証の名目での一度きり作業のために割く労力が妥当なのかどうか。はたまた，わざわざ情報システム部門にデータ収集を依頼するほどでもないし，やはり心を無にして収集するしかなさそうだ。

(2) ユーザー部門で開発するメリット

　もしも「あなた」がロボットを作れたなら。
　こんな状況も，PDFからのテキスト抽出やExcelへの書き込みも簡単にできる——そんなRPAソフトウェアは少なくない。使い方も簡単で，できる機能さえ把握すれば，あとは作業を繰り返し実行するロジックを書くだけ。コピーする対象範囲の特定に多少の工夫は必要となるが，慣

れれば30分程度で簡単なロボットが作れてしまう。

　システム部門に依頼する場合と比較し，多くの工程が自分自身で完結し，相当な時間の短縮と，何よりも"私がやりたいことがダイレクトに実現できる"のだ（図表Ⅰ-4-6）。

　もちろんロボット開発に必要な知識やスキルの習得も一定量必要になるが，そこはCoEからの積極的サポートを期待したい。すでに国内企業の多くで実績も出てきており，「もちろんユーザー部門での開発は可能」だ。

図表Ⅰ-4-6　ユーザー部門が開発した場合の作業工程イメージ（一例）

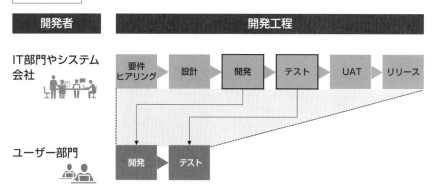

　なお，図表Ⅰ-4-6のとおりに各工程を省略してよいわけではなく，第3章で述べている会社としての必要プロセスに準拠しつつ，ユーザー部門でロボットを作っていく場合のスピード感の差，という意味合いで参照してほしい。

(3) ユーザー部門は何でも作っていいのか？

　次に，「やっていい案件はちょっと選んだほうがよい」について，その意図を説明したい。特に導入初期について有用な考え方であるが，具

体的には以下2段階での検討となる（図表Ⅰ-4-7）。
① 作られるロボットの種類として，ロボットの起動に人間が関与せず，特定のサイクルで定期的に実行したいものと，利用者が任意のタイミングで都度実行したいもののうち，都度実行のもの
② 1回の作業があまり大きくない業務（ロボット導入前の現状人間作業時間がおおよそ30分以内のもの）

図表Ⅰ-4-7　開発振り分けフローチャート（例）

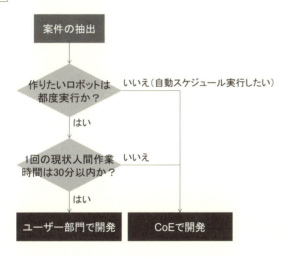

①の定期実行は，一般論として以下のような考慮が必要となり，難易度が高くなるため，まずはCoEに任せたほうがよい。
・毎回のロボットの作業結果だけをユーザーにメール通知する。
・途中で止まってもまた定期再開できるような設計をする。
・エラー内容によってはシステム部へ連絡がいくように設計する。
・そもそもの（人間業務時間外も含めた）稼働監視の仕組みを検討する。
②の作業時間については"長い業務＝作業ステップが多くロボットが

長大化・複雑化する"ため,まずはCoEに任せたほうがよい。

以上の2点を平易な表現に言い換えると「人間の目の前で動かすあまり長い時間のかからない業務を,ユーザー部門開発対象とするのがオススメ」というわけである。ここでも"小さく作って大きく育てる"の精神で,ユーザー部門の開発展開についても様子を見ながら徐々に広げていってほしい。

(4) CoEがフォローすべきこと

ユーザー部門が開発を行う場合は,主に以下3点についてCoEよりフォローしていきたい(図表Ⅰ-4-8)。

図表Ⅰ-4-8 ユーザー部門開発においてCoEがフォローすべきこと

運営環境提供	プロセス	ユーザー部門開発時に準拠すべきプロセス
	レギュレーション	ユーザー部門開発時に遵守すべき制約や制限
	インフラ	ユーザー部門の開発環境などの利用・運用環境
技術支援	RPAツール説明	採用しているRPAツールの技術的説明
	トレーニング	開発標準説明やスキルアップトレーニング
ヘルプデスク	運営サポート	運営環境全般におけるヘルプデスク
	技術サポート	技術支援全般におけるヘルプデスク

① 運営環境提供

ユーザー部門の開発を考慮した場合の準拠すべきプロセスを列挙し,その周知および継続的な順守状況のチェック方法を検討する。ユーザー部門への展開に合わせて定義済みルールの変更も考慮する。また,例え

ばロボットから外部へのメール送信は行わないなど，制約や制限事項がある場合は，こちらも準拠に向けた仕組みを検討する。合わせて，案件の管理やロボットファイルの格納場所などのインフラ環境も周知・提供する。

② 技術支援

主に社内にて使用するRPAツールの説明およびテクニカルトレーニングを開催する。RPAツールそのものの特性（どのRPAツールを採用しているか，できることとできないことの概要）と，社内ルールとしての開発標準の説明が必要だが，開発標準についてはユーザー部門用に準拠内容を部分的に緩めることを検討してもよい。トレーニングについては，先に述べたようにユーザー部門にどういった業務を振り分けるかの定義から一般的な業務難易度を想定し，対象となるであろうRPAツールの機能を限定して紹介・教育を実施したほうがよい。どのRPAツールでも全機能を網羅しようとすると広範囲にわたるため，説明・教育する側も受講・習得する側も労多くして功少なしと考える。

③ ヘルプデスク

ユーザー部門へのフォロー体制としては，運営サポートと技術サポートの2点を考慮したい。前者は名前のとおりガバナンスおよびインフラを中心にユーザーからの問い合わせにタイムリーに対応できる体制を用意したい。後者は"寺子屋"のようなイメージで，ユーザー部門の開発者の困り事に答えるハンズオンサポートを意味している。こちらはリソースとの兼ね合いもあるためタイムリーな対応は難しい可能性はあるが，"ユーザー部門での開発をサポートするため，困った時の受け皿がある"という明確な意識を表示するうえでも可能な限り対応していきたい。

(5) ロボットが止まった時の対処を考えておく

最後に，ロボットが止まった時の対処方法の準備について触れておきたい。

これまで何度か述べてきているように，ロボットは止まることを前提に業務設計をしていただきたい。ユーザー部門で開発をする場合も同様で，もしロボットが止まった場合，業務継続性をどのように担保するかの議論と方法の整備は重要だ。言い換えれば，もしロボットが止まってしまった場合に対処がどうしようもできそうになければ，その業務プロセスのロボット開発はCoEに相談を持ち掛けるべきだ。

第4節　ロボットができてからがPDCAの本丸（運用／保守）

ロボットの開発ライフサイクルにおいては，ロボットの開発を終えて使い始める。ここが1つの大きな区切りとなるのは間違いがないが，「RPAを活用した業務効率化」という観点では，あくまでPDCAのDに至ったに過ぎない。導入，運用を経て気づいた改善点を着実に取り込み，また，ロボットの導入により自動化されたといっても業務の目的や本来の手順を忘れることがないよう，業務の「棚卸し」が継続的に実施されるようにユーザーを導いていく必要がある。

(1) 次から次へ生まれる「改善」のサイクルを創る

当初は1件しか起案がなかった組織であっても，ロボットが完成して本運用に入ったあとになってから，さらに開発要望が出てくるケースがある。主に以下のケースがある。

① 運用をしてみたら不便な点があったので改善がしたい。
② RPAの理解が深まり，ほかにもRPA適用に向いている業務を見出すことができたので，追加でロボット開発がしたい。
③ 要件定義の中で業務プロセスを可視化してみたら，周辺の業務にも標準化ができそうな業務や，RPA化に向いている業務があることがわかったので，ロボットを追加で開発したい。
④ ロボットでの運用をするためにデジタル化をしたデータがあり，デジタル化されていることを前提としたさらなるRPAの適用を行いたい。または，運用を経て蓄積されたデータを用いて新たな分析業務を行いたい。

①はいわずもがな，放っておいても要望やクレームとして上がってくることになるが，②〜④は副次的に生まれてくるもので，必ずしもユーザー自身だけでは気づけない，あるいは自発的な起案にまでは至らないケースも多い。そのため，企画推進者からサポートすることでその確率を上げ，改善のサイクルが多く生み出されることを促したい。具体的には，以下のようなアクションを実施する。

▶ 運用に入る時点で，改善案のフィードバックをもらう場を設定する。また，改善案を検討するヒント（前述の②〜④のケースや，他部門での例）を説明しておく。
▶ 運用に入ってから一定期間が経った段階でユーザーから改善の要望が上がってきていない場合には，状況確認や，他部門での取り組み状況の共有を行う。
▶ 定期的にRPAの推進状況や各部門の取り組み例を広報してリマインドをする。

こういったアクションを行うことは，最低でも，該当組織でのRPA

導入の開始時点，ロボットの開発完了時点，の2回のタイミングでユーザーに伝えておくのがよい。一過性の活動となることがないように，繰り返し意識づけを行うことが肝要である。

(2) 「業務」を忘れるな

　ロボットの運用開始後に生まれる改善のサイクルを生み出す一方で，適用した業務そのものをしっかり維持すること，また，不要なロボットが放置されることがないよう，棚卸しをしていく必要がある。主に以下の点を主眼に置き，定期的な棚卸しを行うよう，ユーザーに働き掛けていく。サイクルは業務の特性にもよるが，人事異動なども考慮して年に1度は行いたい。

> ▶障害によりロボットが動作しない時に，手作業により業務が遂行できる状態を保つ（目的や手順の再確認）。
> ▶ロボットが業務の目的にマッチしなくなり使われていない場合は，ロボットの利用を廃止する（または改善を起案する）。
> ▶ロボットは動作しているが，作業のアウトプットが使われていない（業務自体が不要になっている，目的が変わっていてロボットの仕様がマッチしていない）場合は，業務・ロボットを廃止させる。

　なお，ロボットの利用状況については，企画推進者側でもモニタリングを行い，利用頻度が落ちている場合には早期にアラートを上げておきたい。ユーザー側も各担当者が徐々に使わなくなっているだけで，責任者は関知していないということがあるためである。アラートを上げることで，思わぬ理由が見つかることがしばしばあり，企画推進者，ユーザー双方にメリットが生まれることになる。

第5章

情報システム部門が備えるべき視点

第1節　情報システム部門への期待～PoCから本格導入への遷移

　RPAを導入することで業務や工程のAutomation化ができる範囲は各社でバラバラである。業務特性や環境に依存する点が非常に大きいが，この点を理解することがRPA導入を成功させるための第一歩となる。多くの企業では，まずPoCを実施し，RPAの自社へのフィット感，導入するRPAツールの特徴をしっかりと理解することから始めることがスタンダードな進め方となっている。

　しかし，PoCを実施したとしても本格導入で失敗するケースはある。形式的にPoCを行ってしまい，本格導入に向けて準備が不十分であったり，RPAの運用体制やサポート体制が不十分であったり，導入の主担当者がPoCに深く参画せず，RPAに関する知識が不十分で各組織へのRPA適用を考えられないなどのケースがある。いずれも本格導入に向けて準備（ヒト・コト・モノ）に必要な情報が整理できず，不十分な準備のまま本格導入してしまい，結果として，新たにコストをかけて大きなテコ入れを強いられてしまう。

こうした失敗を防ぐためにも，導入の主担当者はRPAの知識を深めて本格導入に向けた課題収集と課題をクリアするための方策を見出すことを目的として，PoCに深く入り込んでいただきたい。加えて，単なるツールとしてではなく経営指標や組織KPIに寄与する手段となるツールとして，経営管理部門や各組織の責任者を巻き込んでおくことが，本格導入後の定着化を実現する手段となることも考慮しておくべき事項となる（図表Ⅰ-5-1）。

図表Ⅰ-5-1　PoCの準備とPoC後の実施事項

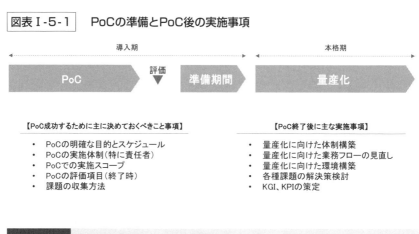

第2節　RPAサポート体制

(1) サポート体制

RPAを安定して運用していくためには，何を準備したらよいだろうか。導入初期やPoCを経ていく中で導入担当者が頭を抱えやすい課題である。

まず念頭に入れておかなくてはいけないこととして，「決まったことを実行するのは強いが，ロボットは変化に弱い」ということである。なぜなら自分で変化に気づいて対応することができないからだ。それをサ

ポートするために,開発と運用の体制がハード面とソフト面で必要になる。

まず,ハード面においては,体制が最も重要になる。開発に加えて運用保守機能を整備することで,保守対応による開発リソースの逼迫を回避することができる。特に量産期においては,開発リソースが保守に工数を取られることによって開発を円滑に進めることができずに,想定どおりの進捗を得られないケースが出てくるためだ。加えて,開発関連ドキュメントや保守チケットを管理する環境を整備することで実務者の作業を大きくサポートすることができる。

続いて,ソフト面においては,開発標準および運用標準といったガイドラインを策定し,開発と運用のプロトコルをきちんと整えておく必要がある。この対応は,プロジェクト発足からなるべく早い段階で施行することで,多くのロボットが開発された後に標準化対応を改めて行う手間を省くことができる。実際としては,PoCを行っていることから,その間に開発されているロボットには標準化対応が必要になる。また,こ

図表Ⅰ-5-2　改修期間の考え方

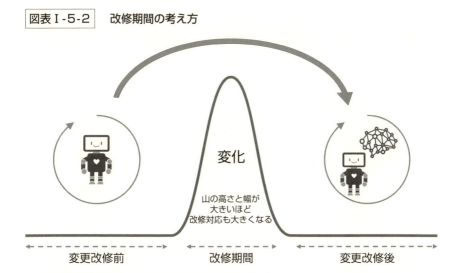

のガイドライン相当については，運用を重ねていくことで成長させて，より高度化していく。

　最終的にこのハード面とソフト面が両立することにより，エンタープライズRPAにおけるサポート体制が確立することになる。本格的にRPAの運用が始まる前，またはロボットの量産が始まる前に整備しておくことを推奨したい。

(2) インシデント対応の優先度

　エラーでロボットが止まると，業務も止まる。このエラー対処を誤ると，業務影響のある重大なインシデントにつながりかねない。エラーが発生した際には，RMOで迅速に該当ロボットのログを抽出して，何が起きているかを素早く見極めることが必要である。

　その有効な手段として，ログの「標準化」が挙げられる。具体的には，ログの設計・実装のフレームワーク化を行う。ロボットのソースコードのテンプレートを用意しておき，エラーの分析に必要なログの観点を前もってその中に埋め込んでおく。

　盛り込むべきポイントは，主なものとして以下が挙げられる。

- ・想定内エラーまたは想定外エラーなのかをログ出力する。
- ・想定内エラーであれば，その対処方法をログ出力する。
- ・日時，対象ロボット，対象実行環境，実行ユーザーの情報をログ出力する。
- ・エラー発生時の画面スクリーンショットを保存する。

　上記の観点をフレームワーク化することで，エラーが起きている場所（部署，PC，ユーザー）の特定と，エラーの分析がしやすいログが，誰が開発しても，必ず実装されることになる。この対応により，RMOではインシデントに対する優先度の判断，処置までが迅速に行えるように

なる。

　このログ標準化は，RPA導入が進めば進むほど重要になってくる。ロボットの数が多くなれば，監視対象のログも多くなり，より見極めのスピードが求められるようになっていくからである。本格的なRPA運用開始に合わせて「ログ標準化」を準備していただきたい。

(3) 技術者教育体制

　RPAの導入規模が拡大してくると，要員を追加することになるが，新規参画者は，普及し始めたばかりのRPAについてはノウハウがないことが多い。そのため，技術者の育成体制が必要になってくる。

　まず，ここでの「技術者」とは，要件定義・開発・運用・保守のいずれかの業務に従事する人材を指す。技術者には業務によって濃淡はあるが，大別して，「要件定義」「開発」「運用」の3つの要素が必要になってくる（図表Ⅰ-5-3）。

　技術者の育成においては，簡易な要件であれば，要件定義・開発・運用・保守までを単独で遂行できるオールラウンダーの存在がポイントとなる（図中の全要素がレベル2以上）。チームメンバーが，いずれかの領域に特化していたり，初級者であったりとスキルレベルにばらつきがある場合でも，オールラウンダーであれば，要件定義・開発・運用・保守を一貫してマネジメントすることができるため，適材適所でタスクを割り当て，RPA導入をスムーズに進めることが可能となる。

　ある一要素でレベル3を目指すより，全要素がレベル2以上のメンバーを育てることを優先したほうがよい。幅広い知識が要求されるRPAの特色にマッチしているからである。

　レベル1相当のメンバーについて，実務以外にも，研修や勉強会を開催し，体系的に整理する機会を作ると，よりメンバーの習熟度が向上す

図表 I-5-3　技術者のレベル定義

	要件定義	開発	運用
主なタスク	●現状分析（As-Is） ●RPA化のスコープ・方式検討（To-Be） ●フィージビリティスタディ ●業務改善の検討	●設計 ●コーディング ●テスト ●保守 ●技術サポート	●運用設計 ●リリース対応 ●稼働・ログ監視 ●障害管理 ●サポートデスク
必要なスキル	●RPAができること・できないことの理解 ●業務知識 ●業務改善スキル ●関係者との合意形成能力	●RPAができること・できないことの理解 ●システム開発スキル ●RPAツール知識 ●標準化	●システム運用スキル ●統合管理サーバ知識 ●課題管理 ●傾向分析（稼働実績、エラー率など）
レベルの定義	レベル3　業務改善のリード経験あり レベル2　小規模案件の業務改善を単独遂行可 レベル1　未経験または上位者のサポート要	レベル3　システム開発のリード経験あり レベル2　小規模案件のシステム開発を単独遂行可 レベル1　未経験または上位者のサポート要	レベル3　システム運用のリード経験あり レベル2　小規模案件のシステム運用を単独遂行可 レベル1　未経験または上位者のサポート要

る。研修の例として，要件定義スキルを向上させるためのロールプレイング研修，RPAベンダーによる研修，開発標準・フレームワークの勉強会などが挙げられる。

加えて，それぞれのチームで得たTipsについて蓄積する仕組みを作っておくとよい（Wikiなど）。要件定義のポイント，社内システムの特徴，頻出ロジックの共有，管理サーバーの使用方法など，要件定義・開発・運用・保守それぞれで得たTipsを，簡単に登録でき，いつでも見られる状態にしておくのが望ましい。特に量産期の初期から中期にかけては貴重なTipsが溜まる期間なので，導入初期のうちに検討することをお奨めする。

オールラウンダーによるリード，研修や勉強会，Tipsの蓄積，これらを実践していくことで，各要員のスキルレベルを初級者から中級者に引き上げ，チームとしての開発生産性を向上させていく。

第3節 ライセンス管理

(1) アジャイル開発の実際

RPA開発は手軽，簡単とイメージされているが，エンタープライズを意識した場合を考えていきたい。まず，初期リリースに向けてユーザーの業務要件を整理して開発を進める。しかしユーザーが情報システム部門経験者でない限り，RPAに反映してほしい要件を100%漏れなく伝え切ることは難しい。そのために，ウォーターフォール型のように要件定義に相当数の時間をかけることは，RPAのメリットであるスピード感を損ねてしまう。

そこで，初期の60～80％の要件で一連の動作がわかるロボットをいち早く作成し，レビューすることでユーザーに全体の流れを把握しても

らったうえでのQ&Aや要件調整を行うことができるようになり、効率的な要件定義が可能になる。

そして集約した要件を反映して、最終系の90%程度までは完成する。その後はユーザー環境で、試運用フェーズとして業務利用を行う。この期間で「ユーザーからテスト結果のフィードバックを受け、改修する」というサイクルをクイックに繰り返し、ロボットを育てていくことで品質を高めることにつながる。このサイクルがアジャイル型開発に近い考え方となる（図表Ⅰ-5-4）。

図表Ⅰ-5-4　RPA開発のサイクル

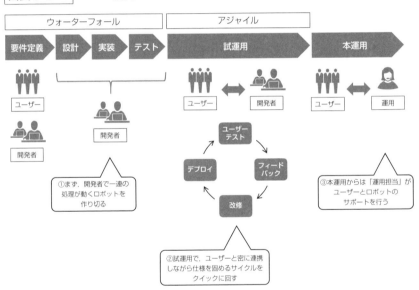

試運用期間を円滑に進めるためには、ユーザーと開発者が一体となった体制が不可欠である。ユーザーは業務が多忙、かつ慣れないRPAの操作ということもあり、なかなかテストが進まないということも、しばしばある。ユーザー部門との調整と、実行ログを監視し、テストが進ん

でいないようであれば，開発者側からユーザーに積極的にコミュニケーションを行っていくことが必要になるだろう。

(2) ライセンスの発行・更新

　エンタープライズRPAにおいて，管理すべきライセンスは大きく2つある。

　1つ目はRPAツールのライセンスである。サーバー型を中心として同時接続型のライセンス提供が主流となっているが，クライアント型も提供しているプロダクトではマシン個別にライセンスを割り当てていくライセンス形態との混在もある。いずれのケースにおいても，一元的なライセンス管理が求められるため，管理基盤の導入とともにタイムリーなマネジメントが要求される。

　2つ目は，RPA化する業務の中で利用する各種アプリケーションやサービスなどのライセンスである。RPAが稼働しても，関連するアプリケーションのライセンス不足によって業務が止まってしまうおそれがある。このライセンスは，全社管理されているものも多く占めているが，特にプロジェクト固有のものについて確実に管理を行い，タイムリーな対応をしていただきたい。

　タイムリーなマネジメントとは，増えていく利用を管理するだけでなく，利用されていないライセンスについても可視化し，最適化できる状況である。足りない分を追加するのか利用されていない分から振替するのか，手段を持ちタイムリーに適切な対応ができることを指している。期間，利用状況をタイムリーに管理し，適切なライセンス適用を行うことで円滑なRPA運用を行っていただきたい。

　ライセンスの発行や更新をしていく際の注意点としては，ライセンスの種類も管理することが重要なポイントになるということだ。試用版を

使っているケースにおいては，試用期間切れによってRPAが停止することには気をつけていただきたい。

第4節 アカウント管理

(1) ロボットに与える権限

デジタルレイバーであるロボットは，1ユーザーとして時間がある限り多くの業務に対応ができ，24時間動き続けることも可能になる。

では，このロボットにどのような権限を与えることが正しいだろうか。

業務を実施するにあたり付与される権限は，手段によって左右されることはない。業務細則などによって規定されている権限規約に従うことが大前提である。RPA固有の権限付与規則を作ることは，結果的に多くの既存ルールとの照らし合わせが必要になり，また整合性を担保していくことが非常に困難であることから，既存ルールに従った権限付与を行うことが正しいオペレーションになる。この点については，悩むことなく今あるルールを確認し，運用に適用することを進めてほしい。

注意点として，1ロボットに多くの権限を割り当てた場合，Administrator権限に近い特殊権眼が与えられてしまうケースがあり，リスクが高まる。例えば，発注できる権限，請求書を承認する権限と支払処理ができる権限が1ユーザーに与えられたとしたら，発注→承認→支払を1ユーザーで完結することができるようになり，不正処理が可能となってしまう。企業経営をも揺るがしかねないリスクになる。既存ルールがこれらのリスクを考慮している前提を考えると，既存ルールでの権限付与を行っていくことが望ましいことは明白だろう（図表Ⅰ-5-5）。

図表 I-5-5　RPAに適用するポリシー

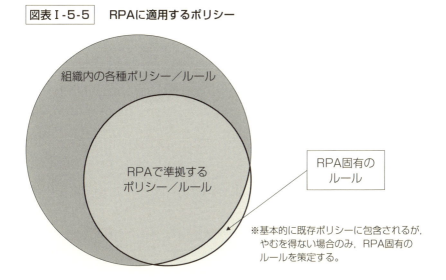

(2) アカウント設計方針

　権限と同様に導入期における悩ましいポイントはアカウント設計である。

　悩むポイントとして多いのは，アカウントの割り振り単位と効率的なアカウント管理である。ここで改めて，RPAを各組織の各部や課レベルにまで導入する際にロボットとはどのような位置づけになるのか，ということを考えてほしい。ロボットは新たな社員であると考えていくのであればシンプルに考えることができるようになるだろう。社員へのアカウント設計はすでに決められたルールがあり，さらには管理方法も定められているので，これを活用しない手はない。業務自体は変わらないため，オリジナリティへの対応が必要なケースは限りなく少ない。

　では，新たにオリジナルのアカウントプランを作ってはいけないかというと，そういうことでもない。ただし，気をつけていただきたいことがある。RPAオリジナルのアカウントプランを新たに作るということ

は，セキュリティーポリシーや関連する規則を鑑みた策定作業を行い，それを社内で承認をしていく必要がある。正しいプロセスではあるが，関連するルールが複数あり，小さな変更による対応を行うなど複雑な対応が強いられる。そして最も大きなポイントは，導入までの期間が長期化するということである。これではRPAのメリットである導入のスピード感も大きく減ってしまう。こうしたことから，アカウント設計に関して，ロボットを社員と考え既存のルールを活用することは，管理面と導入までのスピードの面で利点がある（図表Ⅰ-5-6）。

図表Ⅰ-5-6　アカウントの割り当て

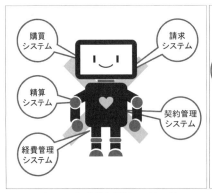
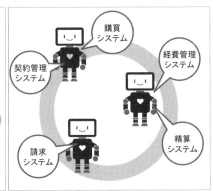

スーパーユーザー権限を割り当ててはいけない　　　人に割り当てる権限と同等の割り当てを行う
（人への割り当て基準を超えている）　　　　　　　（人への割り当て基準を超えない）

第5節　統合管理

(1) 統合管理サーバーの価値

　RPAの導入効果について，効率化にばかり目が向きがちだが，実はそれ以外にも大きな効果がいくつかある。その1つが「業務の一元管

理」である。

　RPA化の過程で業務分析を行い，業務関連ドキュメントが整理されると，情報がプロジェクトに集約される。これらの情報より業務の可視化は可能になり，BPRやリスク検出といった効果的なマネジメントにつなげることができる。

（事例）
ある企業に2つの業務があり，それぞれロボット化を進めていた。
① 先行：A部門のXシステムへのデータ入力業務（ロボット開発済み）
② 後発：B部門のYシステムへのデータ入力業務
②の現状分析を進めたところ，①と同じロジックがあることに担当者が気づいた。①のドキュメントを確認すると，Xシステムに登録されているデータを，B部門で独自に計算し，それをYシステムに登録していることがわかった。業務の重複が見つかったのである。そこで，①のロジックを活用してロボット開発を実施した。

　このようにRPAは，これまで見えていなかった業務を俯瞰して見るきっかけにもなりうる。また，ロボット化された業務は，RPA基盤の位置づけとなる統合管理サーバーを導入することで，ロボットの稼働やエラー状況を通じて，業務の現在の状態を可視化できるようにもなる。これにより，業務状況の変化を，RMOで把握することができるようになる。ロボットだけでなく，業務そのものに対してRMOから能動的に働き掛けていくことができるようになることは，大きな導入効果といえるのではないだろうか。

(2) RPAツールの管理限界

　RPAベンダーが提供する管理基盤では，主にロボットに直接関連す

る情報を管理する。RPAを導入し，業務に適用していく中で，果たしてマネジメントする領域は管理基盤だけで完結できるだろうか。

　エンタープライズ向けには案件管理，RPA開発に関連するドキュメントやプログラムファイルを含む構成管理，プロジェクトチームとして開発運用を行うプロジェクト管理としてのタスク管理，インシデント発生時のチケット管理，障害対応を回復まで管理するインシデント管理，そしてRPA実行状況を管理する稼働管理などの体系だった管理を行わなくてはいけない。これだけ見てみても，管理する領域は多岐にわたり，エンタープライズ向けとしての管理を適切に行わなければ，導入後に使えない仕組みとなってしまう（図表Ⅰ-5-7）。

図表Ⅰ-5-7　押さえるべき管理項目

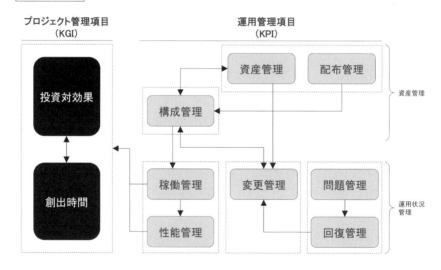

　これらを支えるのがRPAツールであるが，そのすべてをできるわけではない。多くの場合，これを支えるための関連ツールを導入し，RPAツールがサポートしていない領域を補完する。こうしてRPAツールがRPA基盤となり，運用に耐えうる基盤となる。

RPA基盤を成り立たせるためには，しっかりとしたデータ連携を考えておかなくてはならない。RPA導入においてメリットの1つとなるのが，RPA化した工程をログに記録することができ可視化できる点である。それを実現するのがRPA基盤のデータとなる。RPA基盤は複数のツールの集合体であるため，それぞれの中で連携するためのKeyを設定することで，BIツールなどを用いて定型的なレポートも簡単に抽出できるようになる。

RPAツールでは管理の限界はあるものの，基盤として構成することにより管理範囲を広げることができ，可視化も容易にできることは本来求めている管理体系ではなかろうか。

(3) 気をつけるべき非機能要件とは

統合管理サーバーを導入することで一元管理が進み，多くのメリットを得られる。しかし，その統合管理サーバーが障害で停止してしまった場合，ロボットが動作できない状況となり，業務がストップし，事業活動に大きな影響を与えるリスクがある。そのため，統合管理サーバーの導入においては，「可用性」が最も重要な非機能要件になってくる。可用性の検討ポイントは，以下の図表I-5-8を参考に，事業の継続性を担保したうえでRPA導入を進めていただきたい。

また，「運用・保守性」の観点でも，可用性を損ねないよう検討が必要である。主な検討ポイントはとしては「計画停止」「定期保守」「バージョンアップ対応」の3点である。これらを，いかに業務影響がないように実施していくかを，可用性と併せて検討を実施していただきたい。

図表 I-5-8 可用性要件のポイント

項目	主な観点	統合管理サーバー（インフラ）の対応	ロボットの対応
継続性	・業務継続性 ・稼働率	・事業継続計画（BCP）の策定 ・コンティンジェンシープランの作成 ・運用のバックアップ体制検討	・マニュアルでの業務リカバリ手順の作成（ロボットが利用不可でも業務継続）
耐障害性	・サーバー，端末 ・ネットワーク，ネットワーク機器 ・ストレージ，データ	・インフラの二重化対応 ・データのバックアップ方式検討	・複数PCにロボットを配属（冗長化により1台停止しても他で継続）
災害対策	・地震，停電対策 ・付帯設備（UPS等）	・DR（災害復旧）対応 ・安全な立地のデータセンター選定 ・予備系への切り替えルールの設定	・予備環境に切り替わった際，環境情報を切り替える機能をロボットに実装（フォルダパスなどが異なるケースに対応）
回復性	・復旧作業 ・目標復旧水準（業務停止時／大規模災害時）	・リカバリ方法の検討 ・目標復旧水準の設定	・外部ファイル等に処理状況を随時記録させる機能をロボットに実装（復旧後，障害発生直前の状態から再開させる）

(4) 野良ロボットの防止

さて，野良ロボットとは何を指すか。

これまでIT資産の活用という点では，情報システム組織から種々のツールが提供されてきた。しかし，業務のすべてがこのツールで完結しないため，各部または課レベルで一部の工程をマクロやバッチを作成し

て急場をしのぐことは多々見受けられる。短期的には業務が円滑に推進されるように見えるが，中長期的に改修や変更が必要になった場合はどうだろうか。マクロやバッチの開発者が異動すると改修ができなくなったり，変更が必要になったタイミングで開発者が本来業務のために手を付けられなかったりと，業務が滞るリスクが残ってしまう。また，開発難易度が低く，柔軟性が高いRPAであるからこそ，不正なシステム利用などのリスクも潜んでいる。そこで，組織における統制ルールのもとで管理されていないロボットは業務継続リスクを抱えたロボットとなり，これを「野良ロボット」と定義する。

エンタープライズRPAでは，RPA基盤の配下ですべてのロボットを監視していくことが求められる（図表Ⅰ-5-9）。開発標準に沿って開発され，リリース後は基盤でログを監視する。これにより，抑止力が働くことはもちろんのこと，開発不全も回避することができる。また，作ら

図表Ⅰ-5-9 エンタープライズRPAの位置づけ

RPAカテゴリ		管理基盤	実行環境	実行環境
エンタープライズRPA	サーバー型	サーバー	サーバー	・サーバーで管理／実行するRPAのタイプ ・実行主体も基盤側にあり，担当者は実行できない
	サーバー＆クライアント型	サーバー	サーバー PC／仮想デスクトップ	・サーバーで管理し，PC等で実行するRPAのタイプ ・実行手段の柔軟性が高いが，ガバナンスの策定が必要
RDA (Robotics Desktop Automation)		－	PC／仮想デスクトップ	・管理基盤はなく，PC等で実行するRPAのタイプ ・環境の自由度は高いが，上記2タイプに比べて適用範囲は狭い

なくても外部で作られたロボットをそのまま持ち込むこともできてしまう。その場合，現在の運用まで見据えた構成となっていないためオペレーション上での対応不全を引き起こすことになるので，持ち込む場合でも各種統制ルールに沿った対応が必要である。業務の継続性を考えた場合，野良ロボットは「作らせない」「持ち込ませない」ことをRPA導入初期から念頭に入れて進めてほしい。

(5) メタ情報の管理

RPAを本格的に展開していくと数百レベルのロボットが開発される。PoCレベルの規模では，人力またはExcelにいくつかの項目を記載して管理することでロボットの管理は可能であるが，数百レベルのロボットの場合は，精緻化された情報管理が必要になる。この中で，ロボットのメタ情報を管理することは，中長期的な運用の面で有効な手段となる（図表Ⅰ-5-10）。

さて，ではどのようにメタ情報をつけていくべきであろうか。メタ情報として必要なのは，「どこで」「何をするのか」という情報である。そこで業務情報と工程情報を入れておきたい。業務情報は例えば経理，総務，人事などの業務特性である。工程情報は，分析，集約，加工などの

図表Ⅰ-5-10　ロボットのメタ情報

メタ情報は，ロボットのプロフィール！

・利用する組織
・対象業務分類（経理／総務／人事／情報システム等）
・対象工程分類（編集／レポート作成／情報収集等）
・利用するシステム，アプリケーション等
・利用環境（ユーザー環境／RPA基盤等）

工程の中における作業区分に分けたものである。これがあることによってロボットの種類が2軸で鮮明になる。さらにこれらの業務・工程でどのアプリケーションやシステムを使っているのかをメタ情報として加えることで，ロボットの属性が明確になる。

RPAを導入していくと，周辺の変化に対応していく時期が出てくる。例えば，アプリケーションの改修や入れ替え，関連システムの変更など。これらの事象が発生すると，次に対応するのはロボットの改修対応である。こうした際には，メタ情報をもとに対象を抽出して迅速に対応を進めることができるだろう。

そのほかにも，メタ情報には有効な活用方法がある。メタ情報からグルーピングされたシステムやアプリケーションなどの群において，ロボット内でのフローを繰り返し利用されている工程は，部品化ができるため，開発効率と運用効率が上がる。この取り組みのためにもメタ情報を活用することができる。利用アプリケーションやシステムの改修等に対応するためのディフェンシブな対応，そして部品化を行うためのオフェンシブな対応，どちらにおいてもメタ情報を活用できる。

(6) インフラの全体像の絵を描くべし

RPAにおけるインフラは，RPA基盤および各ロボットの構成要素となる。サーバーやネットワークに加えて，各ロボットの構成を支えているパラメータも忘れてはいけない要素になる。この全体像を管理しておくことは，最終的に運用における円滑に推進するうえで必要になるため，変更時も含めて構成を管理しておくことをお勧めする。ここで管理するべき要素は以下の3点となる。

1点目であるインフラレイヤーに関しては，サーバー型およびサーバー&クライアント型ではサーバー周辺の構成要素がすべて含まれる。

この要素は全社として準備されているものを利用するケースが多く，管理は全社の運用担当が行うことが多いが，RPA基盤で使っている要素についてはどのように構成されているのかを把握していることは重要である。サーバー＆クライアント型およびクライアント型はロボットを実行するためのVDIや端末が要素となる。特にサーバー＆クライアント型の場合は，サーバーとVDIまたは端末の構成は押さえておいていただきたい。関連ツールについても同様である。

　2つ目はアプリケーションレイヤーである。RPAツールおよび関連ツールがアプリケーションレイヤーとしてどのように位置づけられているのかを把握してほしい。特にデータベースの位置づけは運用に関わるので，データ概念モデルレベルでの管理をしていただきたい。

　3つ目はロボットパラメータである。ロボットにおける各種パラメータはRPA基盤で管理されることが主ではあるが，ローカルで管理されることもあり，その構成およびどのようなパラメータで業務が使われているのかを把握していることが重要である。

　いずれも，構築時および開発時に決められたルールのもとに管理しておくことが有効な手段となる。効率化を求めて運用と保守の稼働が増える構造は避けたく，小さな情報の蓄積が運用保守の成功につながることも理解していただきたい点である。

(7) システム変更対応

　これまでの項でメタ情報やインフラ管理の必要性について説明してきたが，いずれもやがて訪れるであろう変更対応を迅速に行うための準備なのである。では，対応はどのようなものがあるだろうか。

　RPAにおいて最も頻度の高い対応がシステム変更であり，以下のようなケースがある。

- 画面の内容変更,サイト内容変更(特に海外のサービスやWebは高頻度)
- 社内共通ポップアップ等の通知内容の変更
- 元号の変更(直近は2019年5月)によるシステムの変更対応
- 消費税率変更に伴うシステムの変更対応
- インポート/エクスポート形式の変更
- データ格納先の変更

　上記のいずれもロボットへの変更対応が必要になるケースがある。必要があるかどうかは,対象を抽出し,該当箇所の検索を行うことで第一の切り分けができる。ここでメタ情報やパラメータの管理ができていなければ,最悪のケースでは数百のロボットをすべて洗い出していくことが必要になり,莫大な工数を強いられることになる。それだけでなく,抽出精度も低くなり,対象を見逃すことにもなりかねない。

　変更が必要なケースを見ていただくとわかるとおり,内外要因があるとともに事前にわかる変更とわからない変更がある。特に内部要因においては,事前にシステム変更情報を仕入れることができるよう情報ルートを確保する運用体制を整えておいてほしい(図表Ⅰ-5-11)。一方,外

図Ⅰ-5-11　システム変更対応の概要

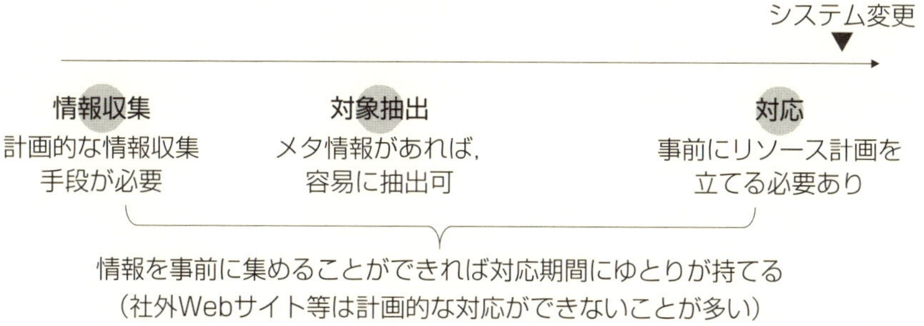

情報収集
計画的な情報収集
手段が必要

対象抽出
メタ情報があれば,
容易に抽出可

対応
事前にリソース計画を
立てる必要あり

システム変更▼

情報を事前に集めることができれば対応期間にゆとりが持てる
(社外Webサイト等は計画的な対応ができないことが多い)

部要因については事前に情報を集めることはほとんど不可能である。だからこそ，システム変更が発覚したタイミングでいかに早く変更対応に着手するかがポイントとなるが，対象抽出に時間がかからないように事前の準備は十分にしておいてほしい。

　システム変更は業務が止まることに直結する。従来どおり人手で対応している範囲では，変更に気づいた担当者が柔軟に対応し急場をしのぐことができるが，RPAは実行面では人手のような柔軟性はない。この特性をしっかりと理解して主要なケースへのシミュレーションをするとともに，アクションプランをしっかりと固めておくことが求められる。

第6節　RPAモニタリング

(1)　情報システムからユーザーへ情報を提供

　業務部門はRPA導入に向けて，何をRPA化していくのかをどのように見つけていくのか。RPAを大規模展開する際に最も悩むことではないだろうか。

　1つの手法はアンケートとヒアリングである。これは，情報システム部門などのRPA提供側から業務部門へアンケートを行い，RPA化に適した業務の振り分けを行う。そのうえで業務担当者レベルも含めてヒアリングをかけて，RPA化に必要な情報を収集し，分析した結果をフィードバックしてRPA化業務を選定していくという方法である。これは一般的にスタンダードな手法であり，手軽に取り入れられる一方で，対応範囲が広く時間がかかるのが欠点となる。

　もう1つは，普段使っているシステムログの傾向を情報システム部門から提供する方法である。システムログから得られるシステムアクセス数と組織の各人数と階層別に分析をしていく。これによって見えてくる

ものは，各組織が業務をシステム依存しているか否かである。システム依存が少ない組織は，手作業が多く，レポート作業や情報集計作業が手作業で行われている可能性が高くなる。システム依存が多い組織は，どの階層でシステムを使っているのかが見え，本来主業務に充てられる時間を事務処理や作業時間に取られている可能性がある。こうした分析はいくつかの側面で実施することができ，この情報を用いて業務部門へRPA化を打診することは，これまで見えなかった利用傾向が見せることができ，新たな視点でRPAに移行する業務を見出すことができるだろう。

　どんな情報から選定されたとしても，誰がその業務のRPA化を求め，承認したのかは重要な要素になる。担当者だけが効率化したい業務であると，最終的にその組織全体としては個人の効率化にしか過ぎない。組織全体に視野を広げて，リソースを割り当てにくく，継続して工程を続ける必要がある業務にフォーカスを当てて考えられる組織責任者の承認はRPAの効果を最大化へと導くことになる。

　情報システム部しか持たない情報を提供することやアプローチの仕方をすることにより，業務部門に寄り添ったRPA化をすることができるため，変化に対する抵抗を軽減できるのである。

(2) システムログの価値とは

　RPAは業務をツール上で自動化するために，RPA化対象業務をはじめに選定する。業務知識に精通した人材がRPAの知見をもって対象を選定できれば，多くの業務を短期間で選定することが可能であるが，現実は異なる。情報システム部門や導入プロジェクトが主導してRPAが適用できる業務を探し出す。業務知識が乏しい場合は十分に業務特性や工程を理解することができず，担当者へのヒアリングによって聞けた範

囲での選定作業となってしまう。これはよくある事例だが，結果として追加要件が出てきて開発がクローズできない事象や，当初想定よりも狭い範囲でのRPA化となってしまう。このことからも，いかに業務を分析し，各業務を知らなくても要件として提案できる要素を持っておくことが必要だろう。

そこで役立つのがシステムログになる。システムログは社内システムを利用に際して一元的に管理されているであろう。これを組織や人員属性などの多角的な切り口で見ていくことで，RPAの適用業務を抽出することも可能となる。加えて，同質性の高い業務を見出すこともできるため，1ロボットを複数業務に適用することも見出すことができるようになる（図表Ⅰ-5-12）。

これまでシステムログはどのように使われてきただろうか。システム障害やNOC（Network Operation Center）での監視，SOC（Security Operation Center）やCSIRT（Computer Security Incident Response Team）などセキュリティにおける分析が中心，つまり守るためにログを保存し追跡するという利用方法が中心であったが，RPA導入においてはシステムログの活用も取り入れて，より効果の高い導入を目指していただきたい。

(3) 資産稼働率の提供

従来の人手での業務では，業務量の把握は管理しにくく，定量化するにあたっては担当するチームのリーダや担当者からの情報に依存していることが一般的である。RPA化することにより，稼働ログをモニタリングし分析することで，組織の資産の動きやリソースの稼働状況を定量的にモニタリングすることができるのである（図表Ⅰ-5-13）。

まずは時間的な側面での稼働情報である。クライアント型を提供して

| 図表Ⅰ-5-12 | システムログを活用したRPA化分析例 |

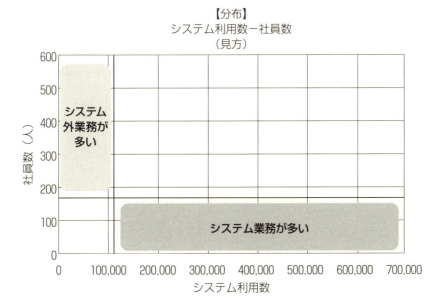

いるRPAツールであれば、手動で実行をするためロボットの実行時間＝担当者のタイミングと合致する始業時や終業時に仕事が集中し、「レスポンスが遅い」「つながりにくい」などシステム的な要因があったとすれば、こうしたデータを用いて作業時間を変えるだけでも生産性は高められる。加えて、残業時間に行われている業務についても可視化することができるため、適切なリソース稼働率へと改善につなげることができるのである。

そして品質の側面である。RPAは業務の定型的な部分をオートメーション化していくが、事前に準備しておくインプットファイルに不備や保存しておく場所やファイル名が間違っていればエラーとなる。これは作業中のエラーがログとしては保存される。この傾向を見ていくことで各業務が起こしやすいエラーを特定し、対策を打つことで品質を高めることができる。さらには、工程レベルでのオートメーション化の範囲を広げて、より品質を高めていくことへとつなげることができる。

図表 I-5-13　エンタープライズRPAにおけるモニタリング

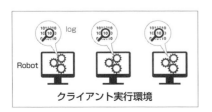
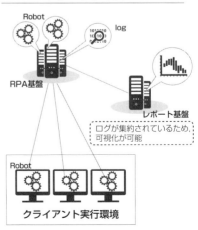

RPA化により，オートメーションによる効率化や品質向上はもちろんであるが，効率化した後にレポートとして稼働に関するデータを可視化する環境を提供していくことは，各業務組織の自発的な改善を促していくことにも貢献していくであろう。これを実現していくには，ただデータを提供するのではなく，そのデータの使い道を合わせて提供していくことが成功の近道になる。

(4) そのロボット，生きていますか？

　数十〜数百のロボットを開発したのちにそのロボットはどのような使われ方をするだろうか。ロボットを各業務に提供することで，業務発生タイミングでロボットが使われ効率化が加速すると想定しているだろう。ところが，実際の想定は，大きく覆されることになるだろう。

　リリースされ業務に提供されたロボットは，エラーが安定し使い方を理解し，最終的に定着するまでに，長いもので1〜1.5か月かかる。もちろん早期に安定するものもある。この間に利用している業務担当者へのケアを怠った場合，担当者はロボットで業務が進まないことと業務の締切をにらみ，従来の手作業に回帰してしまう。嘘のような本当の話である。さらにこの事象はRPAを提供している側にはもちろん連絡はないため，サイレントデス状態となる。

　では，このサイレントデスをどのように食い止めるのか。安定するまでの間にいかに業務担当者をケアするかが大きなポイントになる。そのための準備として，業務担当者のよりどころとなる利用マニュアルを用意することは必須であるが，これだけでなく，問い合わせ窓口を設置しておくことはRPA利用者においては心強い機能だ。

　しかし，これだけではサイレントデスは食い止められない。ケアするということは，サイレントデスの兆候をいかに見極めるかがもう1つの

重要なポイントになる。RPAの特徴は実行ログを取得しモニタリングできるところにある。定期的に提供したロボットの稼働状況やエラー状況を監視し，稼働が目減りしている業務やエラー率が高い業務については，待たずに提供側からアプローチをしよう。これによって，機能が悪くて稼働が減っているのか，エラーが多くて使えないのか，RPAの利用が不慣れなのかをしっかりと見極めることができる（図表Ⅰ-5-14）。

ある程度の期間を経て稼働ログを分析することも有効な手段になる。自社のRPA利用における傾向や各組織での利用特性，システムごとのエラー発生状況など，多くの特性を確認することができ，RPAの利用環境改善に向けてPDCAを回すことができる。RPA提供側は，提供することで満足せず，利用者と歩調を合わせて自社でのRPAをしっかりと育てていってほしい。

図表Ⅰ-5-14　稼働ロボット数の想定推移

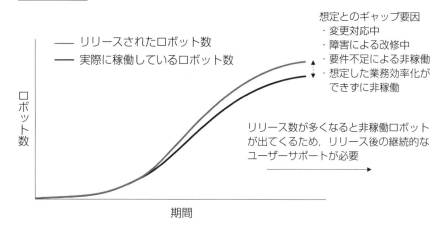

(5) ロボットの生産性とは

ロボットはプログラムで構成されているからエラーは発生しない，と

いい切れるだろうか。稼働すれば必ずエラーを起こすものと考えてほしい。そのエラーはユーザー要因やシステム要因と多岐にわたり，一度対応をしても新たな要因でエラーが発生する。エラーを起こすことは最小限にとどめたいが，エラーが起きないようにすることは現実的には難しいため，適切な対応をしていくために，本来のエラーとして処理すべきものとそうでないものを分類して対応していくことがよいだろう。

ここで必要なことは，エラーの発生を最小限にしておくことと，エラー発生時の対応を迅速に行うことである。

エラーの発生を最小限にするためには，開発時の対応が必要になる。開発テスト時にエラー率がどの程度なのか確認するとともに，テスト評価の閾値としてエラー率を設けておき，クリアできなければ，リリースできないような運用をすることが，リリース後のトラブルを防ぐためにも有効な手段である。また，ユーザー受け入れテストを実施し，ユーザーから見た利便性も合わせて受け入れる必要があるだろう。この際，追加要件を多く受けてしまうと開発リソースを奪われてしまうので，ご留意いただきたい。

次に，エラー発生時の対応の迅速化についてだが，何よりも稼働ログを監視して，タイムリーにエラーを検知していくことが求められる。結果的にエラーが少なくなることで業務への適用度合いが高まり，ロボットの生産性が高まってくることになる。さらには，こうしたエラーへの対応はRPAの継続的な利用につながっていくため，より生産性を高めていくことになるだろう（図表Ⅰ-5-15）。

エラーは稼働ログから得られるが，ある程度の期間モニタリングをするとエラーが物語る業務でのRPAのエラーを見出すことができる。その特性を開発側にフィードバックし，事前にロボットを保守することで起こりうるエラーを未然に防ぐこともできる。生産性を高めていくには，こうした保全活動も定期的に行っていく必要がある。

図表 I-5-15　障害対応のステップ

検知 → 認知 → 対処

検知
・エラーの重要度分け
・端末故障や停止を含むエラーを通知させる仕組み（ツールやロボットで対応）

認知
障害であることを認知するまでに時間がかかると業務への影響が大きくなるため，下記によってエラーの認知から対処への移行をサポートする

・エラー重要度の認知
・認知から対象事例の蓄積

対処
【実行環境の故障時】
・予備機を即時に配置する必要あり
・運用部門でロボットを実行できる環境を用意しておくことも一案
【ロボット停止時】
・全自動ロボットは2通りの対処
・手動実行できる環境をセットで用意しておきユーザーが即時対応できるようにする
・RPA基盤から実行できる環境を準備する

(6) 開発・運用の生産性情報

　RPAにおける開発担当，運用担当はどれくらいリソースが必要だろうか。これはどの企業でも見極めが非常に難しいポイントになる。

　企業の環境・業務内容・開発ルール・要員などの条件によって必要なリソースは変わってくる。一概にRPAとしてどの程度のリソースが必要であるかを断言することは難しい。リソースを把握するためには，その企業ごとに開発・運用それぞれの作業実績を記録・管理し，現在の生産性を確認できる仕組みを作る必要がある。

　それには，タスク管理ツールの導入が有効である。まず，開発・運用などチームごとにそれぞれ「タスク」を定義する。例えば，開発におけるタスクは，要件定義・設計・製造・テスト・試運用などのように，開発工程単位に定義する。そして，それぞれのタスクで「担当者」「予定工数・実績工数」「設計書ページ数（開発規模を示す値）」の3項目を準

備することで，開発生産性を開発者ごとに管理することができる。作業開始日と作業完了日はあえて記載していない。開始日〜終了日という「期間」では，開発者が複数案件を並行している場合の正確な生産性を測ることができないためである。正確な実績を記録するためには，「期間」ではなく「工数」での記録を取る必要がある。

設計書ページ数は，ロボットの開発規模を示す値である。設計書ページ数でなくとも，大・中・小などランクで丸めた簡素なものでも構わない。開発規模によって見込まれる工数は変動するため，その基準となる値を工数とともに記録しておく必要がある。

これらの実績を案件ごとに，タスク管理ツールに記録していくことで，工程ごとの平均工数や，要員ごとの生産性を算出できるようになる。この考え方は，運用など他のファンクションにも通ずるものである。サポートデスク対応についても，開発同様，対応に要した工数の実績を蓄積していくことで，生産性が算出できるようになる。

算出した生産性情報は，タスク管理ツールに付随しているレポーティング機能で可視化するとよい。このレポートは，生産性が低い工程・個別案件について，改善対応を図るための重要な情報となる。

(7) 障害管理から「生涯」管理へ

試運用を経て，ようやく本運用となったロボットは，ずっと同じ使われ方をしていくだろうか。答えは「NO」である。ユーザー部門が利用しているシステムや業務プロセスに変更があれば，ロボットもそれに追従して改修しなければならない。

また，組織改編などで部門フォルダ名の変更が発生するケースも，ロボットの動作に影響がある可能性があるため，対応が必要となる。これらユーザー部門でのイベントは，障害ログから検知することができる。

以下に例を2つ示す。

> 例1）　利用システムの画面構成に変更があった場合
> 　障害ログには「対象の画面が見つかりませんでした」という旨のメッセージが記載されていた。障害発生時のスクリーンショットを確認すると，表示されている画面はこれまでのデザインと異なっていた。このことから「システムに変更があった」ということが推測できる。

> 例2）　組織改編があった場合
> 　障害ログには「対象フォルダが見つかりませんでした」という旨のメッセージが記載されていた。障害発生時のスクリーンショットを確認すると，処理結果ファイルを保存するところで「部門フォルダが存在しない」エラーが起きていた。このことから，組織改編などで部門フォルダ名に変更があったことなどが推測される。

　このように，障害ログから適切な対応方法を見つけ出し，ロボットを現状に適応させるライフサイクルを作ることで，一度開発したロボットを組織の中で長寿化させることができる。障害を管理することは，ロボットの「生涯」を管理することにつながるのである。

　なお，社内システムの改修，人事異動，組織改編等の社内イベントについては，事前に把握できている部門があるはずである（情報システム部門，人事部門等）。定期的に各種イベントの予定を，該当部門からRPAプロジェクトにフィードバックしてもらうように調整できれば，障害が発生する前に動き出すことができ，ユーザーへのインパクトをより小さくすることができる。

第Ⅱ部

RPAのリスク管理

ここまで，RPAの導入と活用を効果的に進めるポイントについて解説してきた。第Ⅱ部では，RPAを有効に運用していくうえで考慮しておかなければならないリスクと，その管理について取り上げる。

　業務システムに対しては，必要な時には，いつでも正常に利用できることが期待されるものである。しかし，障害やサイバー攻撃，あるいは大地震や大雨などの災害によって停止してしまうこともある。また，感染症の爆発的な流行（パンデミック）が発生した場合には，システム自体は稼働できても，それを管理・運営する要員が罹患によって不足し，通常と同じ状態ではサービスを維持できなくなる可能性もある。

　業務システムに関わるこのようなリスクについては広く認識されており，リスクへの対応もさまざまに実施されている。その一方で，RPAについては，十分なリスク分析がないままで，導入が進められているケースも少なからず見られるのが現状である。しかし，リスク管理をおろそかにしてしまうと，長期的には，期待する効果をRPAから得ることが難しくなる可能性がある。

　この点を踏まえて，第Ⅱ部では，まず第1章で，RPAの導入を進めるにあたって考慮しておくべきリスクを検討し，続く第2章で，RPAに関わるリスク管理の実務について解説する。

第1章

RPAとリスク

第1節 RPAのリスクが軽視されがちな理由

　従来の業務システムと比較して，RPAについては，リスクに十分な注意が払われずに導入が進められていることが少なくない。これは組織ごとのシステムリスク管理の水準の差という面もあるが，同じ組織内においても，異なるプロジェクトや部門の間で同様の傾向がみられることもある。これには，RPAの導入において散見される以下のような状況が影響しているものと考えられる。

- 既存の業務をRPAに置き換えるだけなので，リスクの状況や管理要件に特段の変化は生じないと判断されている。
- RPAに何か不具合が発生しても，RPA導入前の業務手順で対応すれば問題ないと判断されている。
- 早期導入が優先され，リスク管理については，そもそも考慮されないか，後回しにされてしまう。
- システムリスクの管理経験がないユーザー部門主導で，情報システム部門やシステムリスク管理部門との連携がないまま，RPAの導入が進められる。

> ■RPA導入が，リスク管理についてのノウハウを持たない開発委託先への丸投げになってしまっている。

図表Ⅱ-1-1　RPAリスク管理が見落とされる背景

すべてのプロジェクトに当てはまるわけではないが，安く，早く，簡単に導入できることがRPAのメリットとして強調されすぎていることも多い。このような場合，リスク管理がRPAに関わる重要な課題として認識されにくいのかもしれない。

第2節　RPAに関わるリスクと関連する業務の例

それでは，RPAを導入するにあたっては，どのようなリスクについて考慮しておく必要があるだろうか。典型的なものとして，RPAの品質と機能，システム連携，データセキュリティ，業務の中断，長期的な管理の5つに関わるリスクについて考えてみよう。

(1) RPAの品質と機能に関わるリスク

RPAの導入においては，人が実施していた作業を自動化することによる，業務のスピードアップや，人が起こしがちなエラーを削減するこ

となどが期待されている。しかし，RPAを導入することで，スピードアップを図ることができたとしても，処理のエラーがゼロになることや大幅に削減されることを単純に期待するのは危険である。RPAを導入する際の方法・手順に問題があると，次のようなリスクが，期待に反して生じてしまうことがある。

- ■RPAの処理において，間違ったデータの入力などのエラーが発生する。
- ■エラーを確認・修正するための手間と時間が生じてしまう。
- ■RPAの処理でエラーが発生しても，その検出および修正ができない。そのため，エラーが残されたままで後続業務が進められる。
- ■業務に必要な機能の一部がRPAに実装されない。そのため，RPAに移行できる業務の範囲が限られる。

(2) システム連携に関わるリスク

RPAのデータ入出力は，連携する既存の業務システムや表計算ソフトなどのデータの項目やレイアウトを前提として設計・開発される。しかし，こうした項目やレイアウトは変更されることがある。

図表Ⅱ-1-2　表示項目の変更例

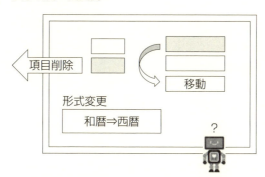

例えば，連携システム側での表示項目の追加や削除がこれにあたる。また，表示形式の変更（例：日付表示が和暦から西暦に）や，項目の表示位置の移動（例：右側から左側へ），表示の順番の入れ替わり（例：上から2番目と3番目の項目が入れ替わり）など，情報の実質的な内容には変更がない場合についても注意が必要である（図表Ⅱ-1-2参照）。

軽微な変更であれば，人が処理を行う場合には柔軟に対応することで問題にはならないことも多い。しかし，RPAの導入後は，連携するシステムの変更に対するRPA側での対応が漏れたり不十分だったりすると，RPAが正しく処理を実行できなくなる可能性が高くなる。

- 連携システムで実施された変更によるRPAへの影響が見落とされ，RPAの処理でエラーや停止が発生する。

(3) RPAで処理するデータのセキュリティに関わるリスク

個人情報など機密性の高い情報を取り扱う業務においては，通常，組織が策定したポリシーやプロシージャが定める要件を満たすように情報セキュリティ対策が実施されている。しかし，RPAを導入することによって，こうした対策の前提や要件が変化することも少なくない。そのため，セキュリティ管理に関わるリスクの再評価や，対策の見直しが不十分なままで，このような業務へのRPAの導入が進められると，次のような問題につながってしまう可能性がある。

- 既存の業務環境と，RPA導入後の業務環境との間で生じるセキュリティ管理・対策上の要件の変化に対して十分な注意が払われず，見落とされてしまう。
- セキュリティ対策が適切に実施されず，セキュリティ管理の水準が

> RPAを導入する前よりも低下する。
> ■ セキュリティ対策の不備によって，機密性の高い情報への不正アクセスや，外部への情報の流出などの問題が発生する。

(4) 業務の中断に関わるリスク

　順調に稼働している間は注意が払われないものであるが，RPAが突然使えなくなり，業務が停滞・停止してしまう可能性もある。このリスクは，RPAを導入する前にも存在しているが，その要因は，RPAの導入によって変化していることが多い。このようなリスク要因の変化を過小評価したときに生じやすい問題である。

> ■ 地震，火災，停電などの災害によって，RPAを実行するコンピュータを使用できなくなる。
> ■ RPAを導入する際に，人手による作業を前提とする既存の業務継続計画の見直しが実施されなかったり，見直し後の業務継続計画に関する周知や訓練が不十分だったりすることによって，RPAが停止した際の対応を円滑に実施できなくなる。
> ■ RPAの回復に長い時間を要し，社内外の関係先の業務の実施に支障が生じる。

(5) RPAの管理に関わるリスク

　RPAの導入は，小さく始めて，範囲を拡大していくという道筋をたどることが多い。その際に，導入の初期段階では，RPAをどのように活用・管理していくかについて，組織全体としての明確な方針が示され

図表Ⅱ-1-3　RPA導入に関わる主なリスク

品質と機能	システム連携	セキュリティ	業務中断
●処理エラーの発生 ●エラー対応のための手間と時間の発生 ●エラーの見落とし ●機能不足による効率化効果の低下	●入出力対象のシステム・ファイル等の変更への対応の漏れ	●RPA導入時のセキュリティ管理要件の見落とし ●機密情報への不正アクセス，外部への流出	●ハードウェア故障 ●ソフトウェア障害 ●地震，火災，停電 ●RPA回復までの業務の停滞・停止

RPAの管理に関わるリスク（さまざまなリスクのもと）			
管理されないRPAの乱立	組織戦略との不整合	投資対効果の低下	品質の低いRPAの開発

ていないこともある。この状況が放置されてしまうと，組織内で，無秩序にRPAの導入が進められてしまい，上述した4つのリスクの原因ともなる，次のような問題の発生につながる可能性がある。

- 組織のどこで，どのような目的・機能を持ったRPAが使われているかを一元的に把握・管理することができなくなってしまう。
- 組織全体としての戦略・計画に合致しないRPAが導入される。
- 投資対効果の低いRPAが導入される。
- 品質の低いRPAが導入される。

第3節　RPAリスク管理の重要な領域

前節で取り上げたように，RPAの導入に取り組むにあたっては，

図表Ⅱ-1-4　RPA導入に関わる主なリスクとその影響

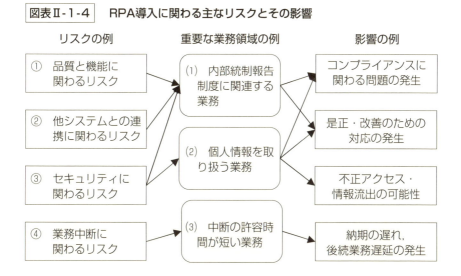

　RPAの長期的な安定性と有効性を高めることができるように，リスクをしっかりと把握したうえで，導入を進めていくことが大切である。RPA導入によるリスク管理上の影響が大きくなることが想定される業務については，一層の注意が必要となる。このような観点から，特に重要と考えられる領域として，(1)内部統制報告制度に関連する業務，(2)個人情報など機密性の高い情報を取り扱う業務，(3)中断の許容時間が短い業務の3つが挙げられる（図表Ⅱ-1-4参照）。

(1) 内部統制報告制度に関連する業務

　RPAの品質と機能に関わるリスク，とりわけ品質面での影響が大きいのが内部統制報告制度に関連する業務である。金融商品取引法に基づくこの制度では，上場企業に対して，財務報告の信頼性を確保するための内部統制を構築すること，内部統制の整備と運用の有効性に関する経営者評価を行うこと，また，会計監査人による監査報告書を提出するこ

とを求めている。上場企業であれば,財務報告に関連する業務にRPAを導入する場合は,この制度への対応を前提としなければならない。

RPAの導入に際して求められる内部統制の要点は,RPAによる処理が正確に実行されること,データが漏れなく処理されること,処理前後のデータが正しい状態で維持されることなどである。これらの要点を満たすために,RPAの開発・運用・管理が適切に行われることを保証するためのIT全般統制と,処理の正確性や網羅性を保証するための内部統制としてRPAにプログラムとして組み込まれ自動的に実行されるIT業務処理統制の2つの観点から,内部統制を整備,運用,評価,監査することが求められている。

要件を満たすことができない場合には,会計監査人が実施する内部統制監査において,内部統制に不備があるとの指摘を受ける可能性がある。また,RPAによる処理の結果に重要な問題が発生していた場合には,その回復・改善のために相当の作業が必要となる可能性もある。

(2) 個人情報を取り扱う業務

RPA導入におけるセキュリティ上のリスクとの関係が深いのが,個人情報のような機密性が高い情報を取り扱う業務である。

個人情報を取り扱う組織であれば,個人情報の保護に関連する法令等に準拠するための情報セキュリティ対策を当然実施しているはずである。しかし,その対策がRPA導入前に実施されたものである場合には,RPAを導入することによって,前提とする業務と実態との間にズレが生じ,それまでの対策が適切なものではなくなってしまう可能性もある。その場合,関連法令への非準拠や個人情報の流出という重大な問題につながるリスクが増大するおそれがある。

(3) 中断の許容時間が短い業務

　RPAの導入対象には，完了時間が決められている業務や，後続業務における必須の入力データを生成するような業務が含まれることもある。このような業務において導入したRPAが停止した場合に，RPAの復旧や代替手段による業務の継続に時間を要してしまうと，その業務だけでなく，関連する業務の継続が難しくなる可能性もある。場合によっては，顧客や取引先にも影響が及ぶかもしれない。

　こうした状況を避けるには，代替手段による業務の継続やRPAを迅速に回復するための手順を，業務継続計画に従って実行することが重要である。しかし，RPAを導入する時点では，業務継続計画の策定や既存の計画の見直しの必要性について注意が払われていないことも少なくない。そのため，RPAの停止時に業務を円滑に継続することが難しくなっていても，そうした状況自体に気づいていないこともある。

　RPAの導入に関わるリスクをコントロールしていくためには，RPAを導入することによって生じる業務手順やデータの持ち方，業務の実行に必要な資源などの変化を的確に把握すること，また，関連するリスクの性質や大きさをしっかりと評価して対応を進めることが重要である。ここで取り上げた3つの業務領域に関わるリスク管理の実務，またこれらの取り組みの基礎となる全社的なリスク管理のアプローチについては，第2章で具体的に解説する。

第2章

RPAリスク管理の実務

本章では，RPA導入において特に注意が必要な領域として先に取り上げた3つの業務，内部統制報告制度に関連する業務，個人情報を取扱う業務，中断の許容時間が短い業務の3つを例として，RPAの導入に関わるリスク管理の実務について解説する。また，これらの取り組みを効果的に進めていくための前提となる全社的なリスク管理のアプローチについて取り上げる。

第1節　RPAリスク管理の全社的な取り組み

第1章で取り上げたように，RPAの導入を進めるにあたっては，その効果を低下させる可能性がある以下のような問題に留意しておく必要がある。

- ■管理されないRPAの乱立
- ■組織戦略との不整合
- ■投資対効果の低下
- ■品質の低いRPAの開発

このような問題は，RPAの導入を急ぐ一方で，導入したRPAの全体

的なリスク管理については十分な注意が払われないことによって発生することが多い。また，この状況は，RPAの導入が，部門個別の取り組みとして，あるいはRPAに特化した専門部署・チームによって進められている場合に発生することが少なくない。

　この要因として考えられるのは，RPAの導入担当者や部門がリスク管理の重要性を十分に理解できていないことや，そのやり方を知らないこと，あるいはITリスク管理についての役割と責任を持つ部門との連携が図られていないことなどである。したがって，このような問題の発生を防止し，RPAから期待した効果を得られるようにするには，導入の初期段階から，全社的なレベルで，また既存の枠組みとも整合したかたちでのリスク管理に取り組むことが重要である。

　図表Ⅱ-2-1およびⅡ-2-2は，既存のリスク管理の枠組みを活用して，「戦略とルール」および「体制」の2つの側面からRPAのリスク管理を全社的なレベルで進めていくためのアプローチのイメージである。

図表Ⅱ-2-1　RPA戦略と管理ルールの全社共通化

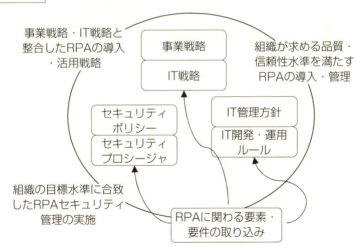

図表Ⅱ-2-2　RPA管理の全社的な体制への組込み

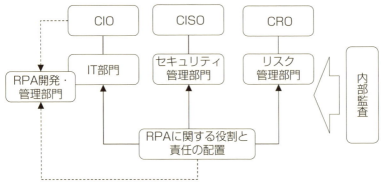

CIO：最高情報責任者 Chief Information Officer
CISO：最高セキュリティ責任者 Chief Information Security Officer
CRO：最高リスク責任者 Chief Risk Officer

(1) 文書化

　RPAの導入，特に初期段階においては，開発や管理の要件を明示した文書が作成されていないことや，作成されていてもプロジェクト個別のルールが採用されていることも少なくない。上述したリスクの発生を防止し，RPAを効果的に活用していくうえでは，組織共通で，以下のような事項について取り決め，文書化しておくことが必要である。

- RPAの導入・展開・活用・リスク管理に関わる戦略・計画
- RPA管理の体制・役割・責任
- RPAの開発・運用・セキュリティ管理のルール

　これらの事項は，RPAに対応したものであると同時に，事業戦略や組織の既存のルールとも整合性が取れたものでなければならない。そのためには，事業戦略・IT戦略を考慮してRPA化戦略を立案することや，RPA化戦略の内容を事業戦略に反映することが必要となる。また，システム開発・運用の規程・手順書，セキュリティポリシーとプロシー

ジャなどの既存の文書についても，RPA対応のための見直しと改訂が必要となる。

　これらの文書は，RPAを対象として新たに作成することも可能であるが，その場合においても，既存のルール・文書において求められているソフトウェアの品質管理やセキュリティ管理などの要件との整合性には留意が必要である。特に，リスク評価をはじめとする必要な手順を省略して，合理的な理由，裏付け，代替的・補完的なリスク対策がないままで，組織としての要求を満たすことができないような低水準の管理要件がRPA用として設定されることがないようにしなければならない。

(2) 役割と責任の明確化

　RPA管理のもう1つのポイントとして，役割と責任の明確化が挙げられる。実際のところ，この対応が置き去りにされたまま，RPAの導入が進められていることもまれではない。

　必要となる役割には，RPA用のハードウェア・ソフトウェアの管理，RPAで処理されるデータなどのセキュリティ管理，RPAの利用に関わるリスク管理などの責任者や実務者が挙げられる。RPA導入の体制・方法にもよるが，このような役割には，RPAに個別に割り当てたほうがよいものと，組織全体で共通化したほうがよいものとがある。

　例えば，RPAの導入がユーザー部門主導で進められている場合は，それぞれのユーザー部門でRPA管理の責任者と実務者を明確にしておくことが必要であろう。一方で，RPA専門の開発・管理部門，あるいは情報システム部門がRPA導入を主導している場合には，これらの部門が責任者等の配置についても責任を持つことが多いと思われる。

　しかし，責任者や実務者がどのように配置される場合でも，組織が求める水準を充足するようにRPAの管理が行われるようにすることが重

要である。そのためには，上述した文書などで定められる管理要件が，すべてのRPAに一貫して適用されるような体制を構築する必要がある。この観点からはRPA管理のための独立した体制を構築するのではなく，システム管理，セキュリティ管理，リスク管理などを統括・実施する既存の体制に，RPA管理のための体制と役割を組み込んでいくことが望ましい。こうすることによって，RPAを効果的に管理していくうえで欠かせない体制，役割と責任を，重要な漏れや大きな重複なく，組織内に確立していくことができる。

このような全社レベルでの取り組みを前提とすることで，次節以降で取り上げる重要領域に関わるRPAリスク管理を効果的に進めることが可能となる。

第2節 内部統制報告制度への対応

(1) 内部統制報告制度に関わるリスク管理の要件

内部統制報告制度では，財務情報を処理する一連のプロセスにおいて，財務報告の信頼性を確保するために必要な内部統制を整備・運用すること，およびその有効性を評価することが求められている。このうちの有効性評価は，企業の経営者自身による評価と外部監査人による監査によって実施される。この制度における内部統制の整備・運用，および評価・監査に関わる要件は，以下のような文書に記載されている。

- 「財務報告に係る内部統制の評価及び監査の基準並びに財務報告に係る内部統制の評価及び監査に関する実施基準の改訂に関する意見書」
  （平成23年3月3日　金融庁　企業会計審議会）
- 「内部統制報告制度に関するＱ＆Ａ」（平成23年3月31日改訂　金融庁

総務企画局）
- 「財務報告に係る内部統制の監査に関する実務上の取扱い」（平成24年6月15日改正　日本公認会計士協会　監査・保証実務委員会報告第82号）
- 「ITを利用した情報システムに関する重要な虚偽表示リスクの識別と評価及び評価したリスクに対応する監査人の手続について」（平成23年12月22日　日本公認会計士協会　IT委員会実務指針第6号）

　財務報告に関連する業務にRPAを導入する場合は，上記の文書に記載されている内部統制の要件への対応が必須となる。RPAにおいて必要な内部統制が実施されていないと判断された場合は，外部監査人から不備に関する指摘を受ける可能性もある。

　財務報告に関連するプロセスにRPAを導入する場合の内部統制の考え方は，従来のITシステムに対するものと基本的に同じである。したがって，考慮しなければならない内部統制の基本的な領域は，ITに関わる業務処理統制（以下，「業務処理統制」とする）と全般統制（以下，「全般統制」とする）の2つである（図表Ⅱ-2-3）。

　業務処理統制には，RPAにプログラムとして組み込まれ自動的に実行される内部統制と，RPAが生成する情報を使って人が実施する内部統制の2つが含まれる。いずれについても，統制活動の中心となるのは，RPAによる処理である。計算の正確性や処理データの網羅性をチェックする機能など，内部統制としての目的を果たすRPAの処理が業務処理統制として識別される。例えば，図表Ⅱ-2-4に示す処理が該当する。

　一方，全般統制は，直接的にはRPAに関わる業務処理統制が有効に実行されるようにすることを目的とする内部統制であるが，実質的にはRPA全体の品質と信頼性を高めることが意図されている。統制の実施者は，システムの開発担当者や運用担当者であり，全般統制は各担当者

図表Ⅱ-2-3　内部統制の対象領域

業務処理統制

目的	実施方法
RPAによる処理の正確性や網羅性を担保する	RPAのプログラムに組み込まれて自動的に実行される。

← RPAの処理結果（データや帳票）を利用して人が実施する統制を含む

↑ IT全般統制が有効でない場合，業務処理統制の有効性は保証されない

IT全般統制

目的	実施者
業務処理統制が有効に機能するための基礎を提供する	RPAの開発者，運用者，管理者

※既存のITシステムに関わる内部統制と同じ考え方

図表Ⅱ-2-4　業務処理統制の例

業務処理統制の例	統制の目的
入力データと出力データの件数が一致することをチェックする。	処理したデータに漏れや余分なものがないことを確認する。
入力されたデータの属性（文字，数字，範囲など）が，入力項目の要件に合致していることをチェックする。	不適切なデータが入力されていないことを確認する。
処理にエラーが発生した場合，メッセージを出力する	誤ったデータを確実に修正できるようにする。
発生したエラーを確認，修正できる機能を設ける。	
処理の実行者や承認者を正当な権限者に制限する。	不正な処理が行われないようにする。

が日々実施する業務の一部として組み込まれている。RPAにおいては，ユーザー部門が開発・運用を担当していることもあるが，その場合は，全般統制の実施についても，ユーザー部門の責任である。

内部統制報告制度において全般統制として重視されるのは，①システムの開発と変更，②システムの運用，③プログラムとデータの保護，④委託業務の管理の4つの領域である。全般統制についても，必要とされる統制の観点や実施事項は，既存のITシステムの場合と同じである。

図表Ⅱ-2-5　全般統制の例

統制領域	統制活動の例
①システムの開発と変更	●システムの開発・変更プロセスの構築と運用 ●開発と本番の分離（システム環境，担当職務） ●重要な作業に関わる承認とその記録
②システムの運用	●運用手順の作成，承認，運用状況のモニタリング ●障害対応の手順と体制の確立，運用 ●重要なデータとプログラムのバックアップ
③プログラムとデータの保護	●担当職務に基づくアクセス権の制限・付与 ●特権・管理者IDの使用の制限・管理 ●セキュリティ違反の監視，対応
④委託業務の管理	●委託先選定基準，選定・契約プロセスの確立 ●委託業務と内部統制の有効性のモニタリング ●委託先の評価

全般統制の主な目的
▶正式に確認，承認されたプログラムだけが実行されるようにする。
▶必要な処理のみが，正しく実行されるようにする。
▶プログラムやデータが不正に変更されないようにする。
▶委託先においても必要な内部統制が実施されることを保証する。

【内部統制報告制度への対応の例】

　A社では，RPAの全社展開に向けてプロジェクトチームを組成し，外部のベンダーの協力を得ながら，まず，人事部において，残業時間をチェックする業務などを対象として，RPA化による業務効率化の効果を検証するパイロットを実施した。プロジェクトチームでは，パイロットの実施にあたって，RPAの導入に関する簡易的な手順書を作成し開発と効果検証を進めた。この結果，RPAによる業務効率化の効果が確認された。例えば，残業時間をチェックする業務においては，勤怠データから個人別の残業時間をダウンロードする作業や，ダウンロードしたデータから長時間残業の該当者を抽出する作業を人手からロボットに置き換えることで，作業時間を大きく短縮することができた。この結果を受けて，RPAの全社的な展開に向けた計画の立案と，プロジェクト実行の準備が開始された。

　RPAの全社展開を進めるにあたって，プロジェクトチームでは，社内の各部門から，RPA化候補業務に関するアンケートを実施した。このアンケートへの回答で，経理財務部門から，業務のRPA化はぜひ推進したいが，内部統制報告制度への対応において問題が生じることはないかという質問を受けた。

　プロジェクトでは，この質問を受けるまで，RPA導入における内部統制報告制度への対応については検討を行っていなかったため，経理財務部および，内部統制の有効性評価を担当している内部監査部との打ち合わせを実施し，RPAにおける内部統制の取扱いについて協議した。

　この協議の結果，RPAの導入は，これまでの計画に従って進めることに合意した。この条件として，財務報告に関連する業務に導入するRPAについては内部統制要件への対応を必須とすること，また，その他の業務においても同様の対応を推奨することとした。

　RPA導入プロジェクトは，内部監査部および，既存システムのIT全般統制の整備・運用を担当している情報システム部門との協議を実施し，

> RPAに求められる内部統制の要件を整理した。今後導入するRPAについては，この要件への対応を前提として導入を進めることをプロジェクト内で確認し，RPAの導入を進める部門にも周知した。導入済みのRPAについても，順次，要件の充足状況の確認と不足事項の追加などの対策を実施する予定である。

(2) 内部統制報告制度への対応のポイント

　財務報告に関連する業務にRPAを導入するにあたって，内部統制報告制度への対応として求められるのは，先にみたとおり業務処理統制と全般統制の2つの内部統制である。

① 業務処理統制

　このうち，業務処理統制については，RPAを導入する前の業務プロセスにおける内部統制の水準を確保するという観点から，設計を進めるのがよいだろう。このためには，対象業務において人手で実施されている内部統制を把握し，ロボット化の要否，可否，方法を検討することが必要となる。既存の内部統制に関する情報は，業務マニュアル，あるいは内部統制の有効性を評価するために作成されているフローチャートやリスク・コントロール・マトリクス（RCM）などの資料から収集することができる。また，ユーザー部門や内部統制評価の担当部署などとの確認・協議を通じて，RPA導入後の内部統制として必要な機能を明確にしていくことが重要である。

　図表Ⅱ-2-6は，RPAを導入する場合の業務処理統制の設計の例である。システムAからBへのデータ入力をRPA化するだけでなく，入力前後のデータを照合する業務処理統制をあわせて自動化することによって，処理の信頼性を保証できるようにしている。

図表Ⅱ-2-6　業務処理統制の設計例

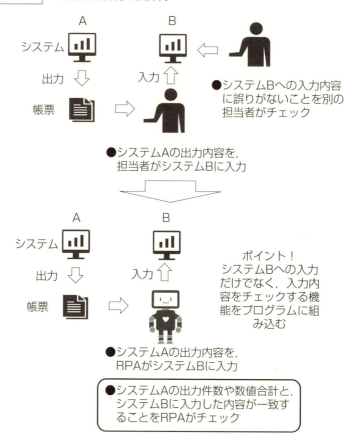

　業務処理統制を適切にRPA化することができれば，統制を効率的に実行できるだけでなく，内部統制の有効性評価を評価するための作業負荷についても効率化を期待することができる。また，RPA化にあわせて，従来の内部統制の置き換えにとどまらず，より高度な内部統制を検討することもできる。

　なお，業務処理統制を設計する際に，注意をしておきたいのが，ダブルチェックと承認の違いである。ダブルチェックは，エラーがないこと

を確認することが目的であるのに対して，承認はエラーの有無だけでなく，そのデータを次の処理に送ってよいかについて別の観点から判断を行っていると考えられる。そのため，RPAによる処理が十分な信頼性を確保できていれば，RPAの導入によってダブルチェックは省略を検討できるが，承認については単純に省略することはできない可能性がある。もとの統制の性質の違いを考慮して，業務処理統制を設計することが重要である。

② 全般統制

次に，RPAに関わる全般統制であるが，これについては，システム部門が既存システムを対象として実施している統制活動を踏まえて設計することが望ましい。内部統制報告制度への対応が，すでに実施されていることがその理由である。

ただし，RPAの開発と運用は，既存システムと比べるとシンプルな環境で実施されることも多い。また，低コストで導入できるRPAの強みを損なわないように，全般統制についてもシンプルな設計が求められることも多いであろう。この点については，内部統制報告制度への対応の初期の段階でよく聞かれた，エンドユーザーコンピューティング（EUC）において，内部統制をどのように構築すればよいか，という議論と共通するところがある。

EUCは，ユーザー部門が主体となって構築しているシステムを指す。情報システム部門の関与がないか限定されていることが多く，ユーザー部門側での費用面や実務面での制約もあって，システムの開発・運用，セキュリティなど多くの管理領域において，情報システム部門と同等の内部統制を実施することが難しいものが含まれている。そのため，EUCに関わる内部統制は，財務報告の信頼性を確保するという観点から，重要性が高いものに焦点を当てて内部統制を整備・運用するという

方法が多くの場合に採用された。また、この場合の重要性が高い内部統制は、コンピュータが正確に処理を行うこと、データとプログラムが不正に変更されないこと、不正な処理が実行されないことなどの統制目標を達成するうえで優先度が高いものが選定された。

RPAの導入においても、この考え方と経験を踏まえて、重要な統制目標を達成するための統制活動を維持しながら、開発・運用・リスク管理の体制や設置環境の制約を考慮し、一部の統制活動の省略や簡素化を志向することは可能である。図表Ⅱ-2-7に、RPAに関わる全般統制として重要性が高い（省略すべきではない）統制活動の例を挙げる。

図表Ⅱ-2-7　RPAの全般統制の重要項目の例

統制領域	主な統制目的	RPAに関する重要な統制活動の例
①システムの開発と変更	正式に確認、承認されたRPAプログラムだけが実行されるようにする。	●RPAの開発、変更、承認のプロセスと承認者を定義する。 ●承認されたRPAのみが業務に適用されるようにリリース手順を定める。
②システムの運用	必要な処理のみが、正しく実行されるようにする。	●エラーの検出、対応手順・仕組みを確立する。 ●エラー対応手順を含むRPAマニュアルを作成・更新する。
③プログラムとデータの保護	プログラムやデータが不正に変更されないようにする。	●RPAのプログラムとデータへのアクセスを担当業務に応じて制限する。 ●RPAユーザーIDとアクセス権の付与・変更プロセスを定める。 ●RPAに対する不正アクセスの有無や、特権IDが適正に使用されているかを定期的にチェックする。
④委託業務の管理	委託先においても必要な内部統制が実施されることを保証する。	●RPAの開発委託先等での開発やデータ管理において、有効な内部統制が実施されるよう契約で定める。 ●必要に応じ、委託先における内部統制の実施状況を確認、評価する。

第3節　個人情報の保護に関わる対応

(1) 個人情報を取り扱う業務におけるリスク管理の要件

　個人情報を取り扱う業務も，RPAを導入する際に注意が必要な領域の1つである。この領域においては，取り扱う個人情報の種類に応じて，以下のような法令への対応が求められる。

- 個人情報保護法（「個人情報の保護に関する法律」）
- マイナンバー法（「行政手続における特定の個人を識別するための番号の利用等に関する法律」）
- GDPR（General Data Protection Regulation／一般データ保護規則）

　個人情報の取扱いにおける法令違反に対しては，罰則が適用される場合がある。また，それだけでなく，個人情報の外部への流出が発生した場合には，組織に対する信頼の失墜などによる，事業への悪影響につながる可能性もある。実際に，内部者による不正行為やインターネットを経由した外部からのサイバー攻撃による個人情報の流出が発生すると，大きく報道されることが多く，社会の広い範囲からの注目を集めやすい。
　こうした事態を防止するための対応として，また情報セキュリティに関する取り組みをアピールするために，多くの組織がプライバシーマークやISMS（情報セキュリティマネジメントシステム）の認証を取得するなどして，個人情報の管理や，情報セキュリティ全般に関する取り組みを進めている。しかし，そうした組織においても，個人情報を取り扱う業務のRPA化を進めるにあたっては，対策の見直しや再検討が必要である。以下では，個人情報保護法への対応を例として取り上げる。
　個人情報保護法では，個人情報を，「個人情報」「個人情報等データ

ベース」「個人データ」に区分している。まず，生存する個人を特定できる情報が「個人情報」である。次に，これを検索可能な状態に整理したものが，文書，データベースのいずれかにかかわらず「個人情報データベース等」とされる。また，個人情報データベース等を構成する個人情報が「個人データ」である（図表Ⅱ-2-8）。ここでは個人情報・個人データを一括して，個人情報と表記する。

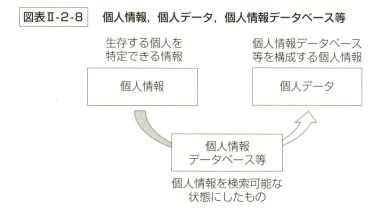

図表Ⅱ-2-8 個人情報，個人データ，個人情報データベース等

個人情報を取り扱う場合には，①取得と利用に関する要件，②安全管理措置の要件，③第三者への提供に関する要件，④開示請求に関する要件への対応が必要となる。このうち，①③および④の要件への対応については，RPA導入しても，直接の影響はほとんどないと考えられるが，②の安全管理措置については，しっかりとした見直しを行うことが必要である。

また，安全管理措置は，「組織的安全管理措置」，「人的安全管理措置」，「物理的安全管理措置」，「技術的安全管理措置」で構成されるが，RPAを導入する際に特に考慮が必要となる可能性が高いのは，「物理的安全管理措置」と「技術的安全管理措置」の2つと考えられる（図表Ⅱ-2-9）。

fig表Ⅱ-2-9　RPA導入時の主な見直し領域

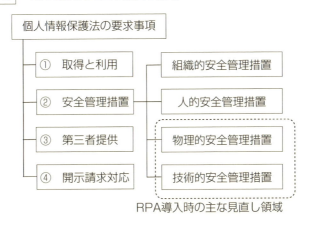

RPA導入時の主な見直し領域

　安全管理措置としては，個人情報への物理的・論理的アクセスの制御，不正なアクセスの防止，盗難の防止，物理的な移送や通信における漏えいの防止，安全な方法による個人情報の削除などの対策を実施しなければならない。これらの対策は，RPA化前の業務においては，人を対象として実施されているが，これをRPA化後の業務と処理の実態にあわせて，RPAに対応したかたちに置き換えていくことが必要となる。

【個人情報保護法等への対応の事例】
　B社では，業務効率の向上を目標として，RPAの導入を全社的に進めている。この取り組みの一環として，人事部へのRPA導入を開始した。人事部では，採用や入退社の手続，各種申請業務などで数多くの個人情報を扱っている。こうした個人情報は人事・勤怠システム等にも入力されているが，その原本は，大半が紙であり，人事部のキャビネットや各担当者机の引き出しに鍵をかけた状態で保管されている。
　RPA導入検討の最初の段階では，RPA化は，現在の業務手順をそのままロボット化するものであり，事務処理の主体が，人からロボットに代わるだけで，業務内容は従来と同じという理解が浸透していたことも

あって，個人情報の取扱いについても特段の考慮は払われなかった。

B社は，情報セキュリティに関する取引先からの要請等も考慮して，ISMS認証を取得しており，ISMSの順守状況を確認するために内部監査を年次で実施している。この内部監査において，ISMS認証取得の要件の1つとして実施しているISMS情報資産台帳へのB社保有情報資産の登録に関して，人事部が取り扱う個人情報の一部について登録の不備があることが指摘された。

業務のRPA化に伴って，人事部所管の個人情報の一部が，RPAにも電子化された状態で記録・保管されるようになった。しかし，RPAで処理・記録される個人情報についてはISMS資産管理台帳への追記が行われていなかった。このため，ISMS資産管理台帳に記載されるべき，情報の管理責任者やセキュリティ対策の方法，情報の保存期間なども明示されていなかった。また，人事部の担当者は，RPA化された個人情報の記録・保管形態や場所を正確には把握できていなかった。

人事部では，この指摘を受けて，RPAを導入した業務における個人情報の取扱状況を再確認し，ISMS資産管理台帳を更新した。あわせて，RPAにおける個人情報の記録・保管状況を精査し，電子データに関わる情報セキュリティ対策に問題がないかを評価した。この評価において，セキュリティ対策が十分ではないと判定された個人情報については，原則として，追加のセキュリティ対策を実施することとした。ただし，追加対策の実施が難しいと判断したものについては，RPA上には，個人情報を残さないよう，ロボットの修正を行うなどの対応を実施した。

(2) RPA導入における不正アクセスリスクの要因と影響

RPAを導入すると，これまで紙を使って処理，記録，保管されていた情報の一部が電子化されることなる。これに伴って，情報の保管場所が，担当者の机やキャビネットの中から，RPAが実行される個々のPC

やサーバー上のハードディスク,あるいは他の電子記録媒体に変化する(図表Ⅱ-2-10)。

このような変化が生じた場合,RPAを導入する業務における情報セキュリティ管理としては,次の観点からの見直しが必要となる。
- ■電子化されたデータへの論理的なアクセスの管理
- ■電子情報が記録された電子記録媒体への物理的なアクセスの管理

また,ネットワークに接続されているRPA,特にインターネットに接続可能なネットワークに接続されているものについては,社内からのアクセスの制御に加えて,外部からの不正アクセスという新たなリスクに対応したアクセス制御を実施することが必要となる。

図表Ⅱ-2-10　RPA化による情報の形態の変化

RPA化前:紙に記録された情報

・情報が記録された紙に対する物理的なアクセスの管理

RPA化後:情報の電子化

・電子化された情報に対する論理的なアクセスの管理
・電子記録媒体に対する物理的なアクセスの管理
・ネットワークとの接続の制御

このようなリスクへの対策を見落として,紙に記録された情報を対象としたセキュリティ対策だけを継続してしまうと,電子化された情報に対する不正なアクセスを防止できない可能性が高くなる。また,その結果として,機密性の高い情報の流出や,重要な情報の改ざん等の事象につながる可能性が高まってしまう。

(3) 情報保護対策見直しの手順

RPA化により形態や処理方法が変化する情報に対する保護対策は，図表Ⅱ-2-11に示すように，①保護の対象となる情報の把握，②既存の情報セキュリティ対策の有効性の評価（ギャップ分析），③必要に応じた対策の実施という手順で実施する。

図表Ⅱ-2-11　情報セキュリティ対策の見直しステップ

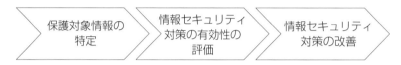

RPAの導入に伴って電子化された情報を安全に保護するには，まず，保護すべき情報を把握しなければならない。ISMS認証を取得している企業などでは，保有する情報資産を一覧化した情報資産管理台帳を活用して，RPAを導入する業務に関わる個人情報を特定することができる。

RPA化に伴い，記録・処理・保管の方法が変わる情報がある場合は，変化の内容に応じて，既存の情報セキュリティ対策が引き続き有効に機能するか，問題が生じるかを評価する。現状とのギャップの分析である。この評価の結果，情報セキュリティ対策の変更や追加が必要と判断された場合には，特定されたギャップが解消されるように，改善策を検討，計画，実施していくことになる。

(4) 論理的な情報保護対策

RPAの導入によって電子化された情報については，アクセスを論理的に制御しなければならない（図表Ⅱ-2-12）。この対策の基本的な前提は，RPAや情報にアクセスできるユーザーを，ユーザーIDによって管

理できることである。

　このためには，ロボットを実行するユーザーID，RPAへのアクセスに使用するユーザーID，処理データにアクセス可能なユーザーIDが個人別に付与されていることが必要となる。また，RPAと処理データへのアクセス権は，ユーザーID保有者個人の業務上の必要性に応じた最小限の範囲で設定されなければならない。RPAや処理データへのアクセスの状況は，ユーザーID単位，すなわちユーザーIDに紐づけられた個人単位でのモニタリングの対象となる。

図表Ⅱ-2-12　RPAにおける論理的な保護対策

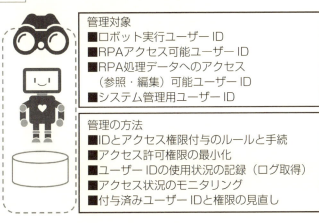

管理対象
■ロボット実行ユーザーID
■RPAアクセス可能ユーザーID
■RPA処理データへのアクセス（参照・編集）可能ユーザーID
■システム管理用ユーザーID

管理の方法
■IDとアクセス権限付与のルールと手続
■アクセス許可権限の最小化
■ユーザーIDの使用状況の記録（ログ取得）
■アクセス状況のモニタリング
■付与済みユーザーIDと権限の見直し

　こうした対策を実施する前提として，RPAを管理・使用するユーザーIDと権限の付与に関する手順を定義する。この手順は，全社共通のものとすることが望ましいが，上位ルールにおいて必須の実施事項を明示し，その順守を前提として，RPAの管理単位で個別に手順を設定する運用も考えられる。

　また，付与したユーザーIDと権限の使用状況（不正な使用がないか）をモニタリングするために必要なログ（監査ログやイベントログ）など

を特定し，RPAやOSのログ取得設定を行う。あわせて，モニタリングの実施手順，頻度，実施者などを定め，モニタリングが確実に実施される体制を整える。ユーザーIDに付与された権限が大きいほど，不正に使用された場合の問題も大きくなる可能性が高いため，より短い周期でモニタリングを実施しなければならない。RPAを活用することで，こうしたモニタリング自体の効率化と有効性の向上を図ることも可能である。

さらに，担当者の異動や退職，職務の変更などによって発生する，不要なユーザーIDや権限が使用されないように，該当するユーザーIDや権限を適時に変更・削除する手順を整備・運用することが必要となる。あわせて，この手順による対応漏れをカバーするために，付与されているユーザーIDと権限の棚卸を定期的に実施することも重要である。

(5) **物理的な情報保護対策**

RPAを導入することによって電子化されたデータについては，その記録・保管媒体に対する物理的なアクセスについても制御することが必要となる（図表Ⅱ-2-13）。データが記録・保管される媒体として考えられるのは，RPAが実行されるPC上の磁気ディスク，ネットワーク上にあるサーバー，CD-ROMやUSBメモリーを含む可搬媒体などである。RPAを導入する際には，データの置き場所にあわせて，必要なアクセス管理を行わなければならない。

例えば，RPAで処理したデータを可搬媒体に記録・保管する場合には，媒体の紛失や盗難などのリスクが生じる。記録されたデータの重要性・機密性の高さに対応した物理的なセキュリティ対策を，情報セキュリティポリシー等で定められたルールに従って確実に実施することが重要である。これには，以下のような対策が含まれる。

- ■可搬媒体の鍵付きのキャビネット等への保管
- ■使用媒体・保管状況の台帳管理
- ■可搬媒体使用の許可手順（使用者，使用目的，使用時間などの承認とその記録）の確立
- ■記録するデータの暗号化
- ■必要がなくなったデータの可搬媒体からの削除
- ■不要になった可搬媒体の安全な廃棄

　また，電子化された個人情報をRPAが稼働するPCやサーバーに記録する場合なども，機器の盗難防止などの対策を実施することが必要となる。RPAの稼働環境，データの記録・保管の方法にあわせて，適切な対策を選択することが大切である。

図表Ⅱ-2-13　物理的セキュリティ対策の例

可搬媒体
- ■鍵付きキャビネットへの保管
- ■使用状況の台帳管理，使用承認手続の実施
- ■データの暗号化，不要データの削除，不要媒体の廃棄

PC／サーバー
- ■盗難防止ワイヤーの使用
- ■入退出管理がなされた安全な部屋への設置

第4節　中断の許容時間が短い業務における対応

(1)　業務継続管理の基本

　業務のRPA化を進めることによって，影響を受ける可能性があるもう1つのリスク管理の領域として，業務継続管理がある。この取り組み

においては，大きな災害や深刻なシステム障害などの発生によって通常の方法での業務遂行が困難になる状況を想定した対応プランとして，「業務継続計画」（「事業継続計画」「災害復旧計画」「コンティンジェンシープラン」等の名称が使われる場合もある）が策定される。この計画は，万一の場合においても，できるだけすみやかに，かつ円滑に，必要なサービスを再開・継続することを可能とするための鍵であり，業務停止の許容時間が短い業務については必須のものである。

業務継続計画の対象となっている業務にRPAを導入する場合は，RPA化に伴って，計画見直しの必要性について検討しなければならない。これは，業務の継続性を確保するための前提としてRPAが加わることによって，RPA自体の停止が，業務継続に関わる新たなリスク要因となることが理由である（図表Ⅱ-2-14）。

図表Ⅱ-2-14　業務継続対応におけるRPAの考慮

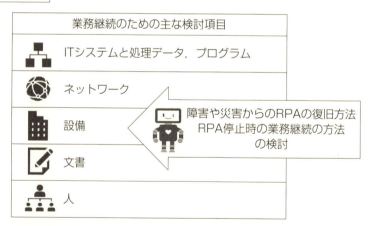

業務継続計画を策定している業務においては，RPAの導入にあわせて，RPAが停止した場合を想定したRPAの復旧方法と，RPAが停止している間の業務の継続方法を検討・用意することが必要となる。また，

RPA化の状況によっては，RPA化されていない範囲についても計画の見直しが必要となる可能性がある点にも注意が必要である。

【業務の継続性を確保するための対応の事例】
　消費者向け商品を製造・販売しているC社は，コールセンター業務について，C社および製品への問い合わせ顧客の満足度を向上する機会として捉えている。さらに，苦情や問い合わせは，事業戦略検討の基礎情報となる顧客情報を得るための重要なチャネルとして位置づけている。しかし，現実には問い合わせ対応の事務処理に大きな時間を割かれ，顧客満足の向上や，顧客ニーズの吸い上げ等のための取り組みが思うようにはできていない状況にあった。このため大きく時間を取られている事務処理を効率化するコールセンター業務のRPA化を推進した。
　RPA化の効果は大きく，これまで事務処理にかかっていた時間を約70％削減することに成功した。この成果を踏まえて，コールセンター業務の顧客対応フローやマニュアルも見直し，顧客の個別の質問や苦情によりきめ細かく対応できる体制を構築した。さらに，顧客対応の時間を十分に確保しながら，人員の50％削減も実現した。
　コールセンター業務については，長時間の停止は顧客に大きな不便と不満，不安を与えることから，地震とコールセンターシステムの一定時間以上の停止を想定した業務継続計画が策定されていた。業務へのRPA導入の過程では，この計画のシナリオや対応手順には大きな変更は必要ないものと想定されていたため，計画内容の見直しは実施されなかった。
　C社では，策定済みの業務継続計画については，基本的に2年から3年に1回の頻度で，対応手順の確認と習熟度を向上するための訓練を実施している。コールセンターについては，RPAの導入が完了した段階でこの訓練を実施した。その結果，既存の計画とRPA化後の業務には，いくつかのギャップがあることが確認された。
　主要なギャップの1つ目は，コールセンターシステムが停止した際の対応である。従来は，実施できる業務には制限がかかるものの，コール

センター要員の人海戦術で，可能な範囲の顧客対応を行うことが想定されていた。しかし，RPAの導入後は，コールセンター要員削減の影響によって，人による対応能力が以前に遠く及ばないことが明らかとなった。

また，2つ目のギャップとして，RPA自体の停止が想定されていなかったことが判明した。RPAにおけるシステム障害や，災害の影響による長時間の停電などの原因によってRPAが停止した場合には，RPA化前と同じように，事務処理を人手で実施することが必要となる。しかし，この場合も，要員数の減少によって，以前と同じレベルでは業務を実施できないことが確認された。

この結果を踏まえて，コールセンターに関わる業務継続計画の再検討が行われ，次のような対策を実施することが決定された。
- RPAを実行するコンピュータの故障時のバックアップとして使用できるコンピュータの確保
- RPA用機器への停電時の電力供給を維持するためのバッテリーの確保
- コールセンターにおける業務継続計画の発動時の応援体制・要員の明確化

(2) RPA停止の要因と影響

導入したRPAが日々順調に稼働しているとしても，突然の停止にいたる可能性がなくなったわけではない。停電，火災，地震，ハードウェア障害，ソフトウェア障害，不正アクセス等のリスクを把握し，停止した場合の対応手順を準備しておくことが必要である。

停止したRPAをすぐに回復させることができれば，大きな問題にはならない。しかし，回復に時間を要するケースでは，徐々に影響が拡大する。また，RPAによる処理の結果の利用する部門や組織の範囲が広がるほど，RPAが停止した場合の影響も大きくなる。状況によっては，取引先や顧客等，社外への影響が生じる可能性もある（図表Ⅱ-2-15）。

このような状況に対応するには、事前に、業務の継続に関する十分な計画と準備を行っておくことが欠かせない。

図表Ⅱ-2-15 RPA停止の影響拡大の例

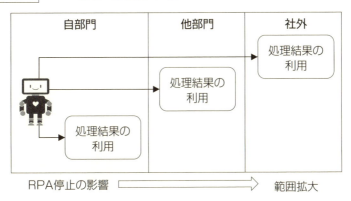

(3) RPAに関わる業務継続管理のポイント

RPAにおける業務継続管理は、個々のRPAにおけるロボット停止の影響の大きさと、影響範囲の広さを評価して対応の必要性を評価すること、また一度に対応できない場合は優先順位をつけるところからスター

図表Ⅱ-2-16 業務継続管理の優先順位

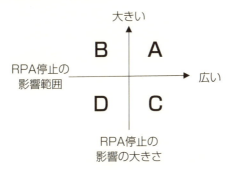

トする。例えば，図表Ⅱ-2-16のようにRPA停止の影響を切り分けた場合は，Aに区分されるRPAを業務継続管理の最優先の対象とし，以下，B⇨C⇨D（またはC⇨B⇨D）の順位で対応を進める。Dの区分については，対応不要と判断することもあるだろう。

また，すでに述べたとおり，業務継続計画がすでに策定されている業務にRPAを導入する場合は，RPA化後の業務プロセスを踏まえて，計画の見直しを行わなければならない。

業務継続計画策定の対象としたRPAについては，図表Ⅱ-2-17のような手順で計画の策定を進める。まず実施するのは，RPAの停止にいたる可能性があるリスクの検討である。この段階では，対象を限定することなく，RPAの停止につながる可能性があるリスクをできるだけ洗い出しておくのもよいだろう。ただし，想定されるすべてのリスクに対して業務継続計画を策定するのは現実的ではない。そのため，洗い出したリスクの中から特に重要と考えられるものを計画策定の対象として選択する。ただし，計画策定の対象とするリスクがITシステムを対象とする全社的な業務継続基本方針として定義されている場合は，ここまでの手順は省くことができる。

次に，業務継続計画策定の対象としたリスクについて，その事象が実

図表Ⅱ-2-17　RPA業務継続計画策定・改善手順の例

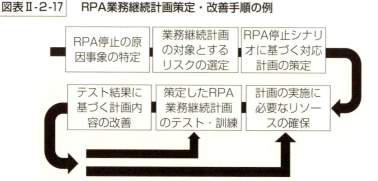

際に発生した場合に,どのような状況・問題が生じるかを検討しシナリオを作成する。さらに,そのシナリオに対してどのように対応していくかを具体的に検討し計画に落とし込む。

　計画の策定・具体化を進める中で,図表Ⅱ-2-18に例示したような,計画を実行するために必要なリソースについても具体的に明確にしていく必要がある。この作業が不十分であると,計画を発動した時点で,その実行が不可能な状況が発生してしまうこともある。計画策定の過程で,当初想定したリソースの確保が難しいことが判明した場合は,計画の内容自体を見直さなければならない。

図表Ⅱ-2-18　業務継続に関わるリスクと対応のためのリソースの例

リスクの例	必要リソース
ハードウェア故障	RPA実行用機器の代替機
停電	RPA実行機器用のバッテリー
ソフトウェアの不具合	不具合対応を行う技術者
一定時間以上のRPAの停止	RPAの処理を代替する人手

　ただし,上記のリスクがすべてのRPAに対して大きな影響を及ぼすわけではない。例えば,同じ処理を複数のコンピュータで並行して実行している業務であれば,そのうちの1台が故障しても,他のコンピュータで処理を継続できることから,通常よりも処理時間が長くかかる可能性があることを除けば大きな問題にはならないであろう。また,バッテリー内蔵のノートPCなどで実行されているRPAであれば,少なくともその処理についてはすぐに停止することはないであろう(RPAがインターフェースしている他システムの中には,停電の影響を受けるものがあるかもしれないが)。

　逆に,RPAの停止がすぐには回復できず,RPA化以前の方法で人手により処理しなければならないケースでは,業務の遂行に必要な人数を

確保する方法（どこから，何人など）を具体的に検討しておかなければならない。RPAが実行する業務の性質や，RPAの実行環境に応じて，リスクと必要リソースを把握することが重要である。

　計画の策定が完了したら，その実行可能性を確認するために，実際に計画が発動された状況にできるだけ近い条件で，業務継続計画全体のテストを実施する。例えば，代替機を使用してRPAの処理を継続する場合には，通常使用している機器と同じようにRPAをセットアップできるか，また，代替機による処理が問題なく実行できるかを検証する必要がある。あわせて，テストの実施状況や問題が発生した場合はその状況をできるだけ具体的に記録しておく。

　テストの実施後は，テストにおいて作成した記録と参加者の意見などを参考として，業務継続計画が有効に機能すると判断できるかを検討する。改善が必要な手順が確認された場合には，その方法や，前提となるリソースを検討し，計画を修正する。

第5節　RPAリスク管理の高度化と効率化

　RPAのリスク管理に関わる主要な論点について取り上げてきたが，ここまでの議論は，基本的には，RPA化以前から実施されていた内部統制を，RPAを導入した環境に移行することを前提としていた。しかし，インテリジェントオートメーションと総称される，RPAやより高度な方法による業務の自動化が広い範囲で実現されていく中にあって，リスク管理に関わる業務自体を自動化することも当然視野に入れていくべきであろう。本節では，リスク管理の自動化に向けたアプローチについて，内部統制報告制度への対応を例として取り上げて検討する。

　内部統制報告制度への対応においては，前述したとおり，財務報告に関わる内部統制の整備と運用，またその有効性を評価することが求めら

れる。ここで自動化を検討できる主な対象は、内部統制そのものと内部統制の評価に係る作業である。RPAを導入することによって、業務に組み込まれている内部統制そのものについても、手作業からコンピュータによる自動化への転換を図ることができる。しかし、内部統制の評価については、業務の自動化とは別の切り口から取り組まなければならない。図表Ⅱ-2-19は、この取り組みを進めるための工程の例である。

図表Ⅱ-2-19　内部統制報告制度対応の効率化・高度化への工程

業務＋内部統制の自動化	内部統制評価の高度化	自動化された内部統制の高度化
●RPAを導入することによる業務の自動化 ●業務の自動化にあわせた内部統制の自動化	●RPAにかかわる内部統制の有効性評価作業（サンプリング、テスト、まとめ）の自動化	●自動化された内部統制に評価機能を組み込むことによる、内部統制評価作業の効率化
フェーズ1	フェーズ2	フェーズ3

　内部統制の有効性は、通常、内部統制の整備と運用の2つの側面から評価する。多くの場合、時間と手間がかかるのは、整備されたとおりに内部統制が実施されているかについて、統制の記録などをサンプリングして内容をテスト（確認）する運用評価の作業である。業務処理統制を評価する場合は、1件のサンプルを使ったテストで評価を実施することも可能であるが、手作業で実施される内部統制については、実施頻度に応じて、数件～25件程度のサンプリングが必要とされる。このため、サンプルの取得とテスト、結果の取りまとめなどに相当の時間を要することも多い。

　RPAのリスク管理の高度化に向けたフェーズ1においては、RPAの導入によって、対象の内部統制を含む業務を自動化（手作業の統制から

業務処理統制に移行）し，テストに必要なサンプル数を削減することによって，内部統制評価作業の一部を効率化することができる。ただし，自動化が難しい業務については，引き続き相当数のサンプルを使ってテストを実施しなければならない。

　そのため，次に検討すべきなのが，フェーズ2として示した，評価作業の自動化である。自動化されている内部統制の割合や，必要なテストの方法によって幅は出るが，それ以前のテスト工数を相当程度削減できる可能性がある。自動化を検討できる対象には，以下のような評価作業がある。

- ワークフローなどを活用した，テストの対象帳票などの証跡収集プロセスの自動化
- サンプルのテストをコンピュータで実施できるようにするための証跡の電子化の自動化
- 証跡の内容を確認する作業（テスト手続）の自動化
- テスト結果の記録や調書作成の自動化

　上述したように，テスト用のサンプルとなる証跡の収集は，内部統制評価において時間がかかることが多い作業の1つである。これまでは，①証跡の依頼リストをメールで依頼先部門に送付，②依頼先部門から電子ファイルや印刷物で証跡をメール・社内便・手渡しで収集・保管，③収集状況を手元の依頼リストで管理など，基本的に人手がかかる方法で実施されていることが多かった。こうした作業を単一のプラットフォーム上でワークフロー化することによって，作業の自動化と省力化につなげることが可能となる。

　また，サンプルした証跡のテストも，手作業で実施されることが多いため，自動化による作業の効率化と高度化を期待できる領域の1つである。テストを自動化するには，まず，サンプルが電子化されていること

が必要である。コンピュータに記録されたデータであれば問題がないが，紙のサンプルを使う場合には，まずこれを電子化しなければならない。単純にはスキャナーで読み込むことになるが，これを人手でやろうとすると相当の手間がかかる。そこで，RPAの出番である。

　このような作業では，業務の効率化に大きく寄与しているRPAである。内部統制の評価においても使わない手はない。紙のサンプルの電子化にRPAを導入することで，作業時間を大きく削減できる可能性がある。

　内部統制のテストに使用するサンプルの多く，あるいはすべてを電子化することができれば，次に視野に入るのは，テストの実施そのもののコンピュータ化，自動化である。監査業務用に開発されたCAAT（Computer Assisted Audit Techniques）ツールや，データ分析に使われるBI（Business Intelligence）ツールがこの自動化の定番であるが，比較的単純なテストであればスプレッドシートも利用することができる。この取り組みは，可能なところから始めて，徐々に自動化する範囲を拡大していくことも当然可能である。さらに，自動化の進展に応じて，テスト対象を証跡の一部のサンプルから，より広い範囲，必要な場合は全件に拡大するなど，テストの高度化につなげることもできる。

　テストの自動化にあわせて，テスト結果の記録についても自動化を考慮をすべきである。コンピュータで実施したテストの結果が，正確でわかりやすい内容で記録・出力されるようにフォーマットを設計すればよい。このような自動化を実現することで，内部統制のテストのための作業の大きな効率化が見えてくる。しかし，これで終わりではない。

　フェーズ3は，この取り組みをもう一段進め，内部統制の評価に関わる機能を，内部統制の一部としてRPAに組み込むことで，内部統制そのものの高度化と内部統制評価作業の効率化の2つの効果を狙うものである。統制と評価の両方の機能を持つように内部統制を設計することがポイントである。例えば，次のような機能を持つ内部統制を設計するこ

とが考えられる。

> - RPAが処理した入力データと出力データの件数,重要な項目の合計値など,処理データの網羅性をチェックする業務処理統制の実行結果(一致,不一致,実行日時など)を記録・出力できる機能
> - RPAに関わる重要なシステム設定の登録・変更の内容・実施者・実施日時などを自動的に記録し,安全に保管する機能

例の1つ目で取り上げた「網羅性」は,処理すべきデータが漏れなく処理されることを要件とするものであり,内部統制として重視される観点の1つである。コンピュータによる処理の網羅性については,処理前のデータと処理結果とを比較して確認することが多い。例えば,処理前のデータと処理結果のそれぞれについて,処理件数と金額を集計し,両者の一致を確認する方法がこれに当たる(一致していなければ網羅性に問題があることになる)。異なるシステム間で転送(インターフェース)されるデータであれば,送信システムからの送信データと,受信システムでの受信データについて,それぞれの件数や金額の合計値などを比較することになる。

フェーズ2の段階では,評価に必要となる上記のようなデータの収集と評価作業を,フェーズ1で自動化された業務の外側で自動化することをターゲットとしている。これに対してフェーズ3では,内部統制の実行と内部統制の評価に必要な作業の記録・収集を,業務処理と一体化することによって,RPAによる自動化を一段上の水準に引き上げることが目標である。

フェーズ3までの取り組みを進めることによって,図表Ⅱ-2-20のイメージ図に示すとおり,内部統制にかかるコストを段階的に引き下げるとともに,統制活動の自動化による統制品質の向上を図る効果が期待できる。

| 図表Ⅱ-2-20 | 内部統制対応の効率化と高度化の進展イメージ |

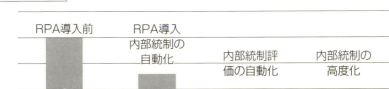

　フェーズ3の段階では，RPAの仕様や設計を検討する段階で，業務的な要件に加えて，内部統制に関わる要件についても十分に検討することが必要となる。この効果を高めるためには，RPAとインターフェースするシステムの側でも効果的な内部統制の組込みを検討することが必要となることがあるだろう。既存のシステムに影響を与えずに導入を進められるところはRPAの利点の1つではある。しかし，システム処理全体の最適化を考えるうえでは，一歩踏み込んだ対応が求められるケースも出てくるであろう。

　このような観点も踏まえて，RPAを効果的に展開していくには，ユーザー部門，RPA専門部門，システム部門，リスク管理部門，内部統制担当部門，内部監査部門などを含む広い範囲での連携がますます重要な課題となるはずである。

　以上，第Ⅱ部では，RPAの導入におけるリスク管理の重要性と具体的な取り組みについて解説してきた。RPAを効果的に活用していくためには，何か問題が起きてから対応をするのではなく，問題の発生を防止するための対策をあらかじめ実施しながら，さらに，万が一問題が発生した場合にも，無駄に慌てることなく円滑な対応ができるような準備

をしておくことが重要である。ここで取り上げたリスク管理の取り組みが，RPAの導入・活用を進めるうえで，少しでも参考となることを願っている。

おわりに

　最近，お呼びいただいた講演やセミナーの席上で，こんな質問を投げ掛けてみている。
　「皆様の企業もしくは団体で，RPAをすでに導入している，という方，どのくらいいらっしゃいますか」
　どこの会場でも6割から8割の聴衆の手が挙がる。続いて，こんな質問を投げてみる。
　「いま手を上げられた皆様のうち，20以上のロボットが稼働している方は」
　意外にもここに手を挙げて返す聴衆は少ない。先日など2％ほどしか挙がらなかった。聞いてみると，こうなっている理由は2つ。1つは，RPAは導入されているようだがいくつ入っているか，具体的にどのような作業に使われているのか知らないというもの。そしてもう1つは，試験的導入，いわゆるPoCはやってみて効果のほどは検証できたが，その後がつながらない，ROIが合わないという議論になる，というもの。
　ここに2019年現在のRPA導入活動の課題の縮図を見た思いがした。
　世の中ではさまざまな書籍やメディアでRPAの文字がずらりと並び，誰もがRPAというのがあるんだなあ，これだけ宣伝されているのだから効果があるのだろうなあ，という感覚で捉え始めている。また，本書の第Ⅰ部第1章で述べているように普及・浸透は進んでいるがゆえに，競合他社に負けないためには，どうしても獲得したい技術という捉え方もされ始めている。
　そして，いつしか企業内で大命が下る。RPAを導入せよと。そうなるとどのソフトウェアを使うのか，いつから使えるようにするのか，そ

うだ，まずパイロットでやってみよう。動いて効果が出ることを確かめよう。ここまでは話が早い。そして果たしてなにがしかソフトウェアを選定し，ノンプログラミングの看板どおり，レコーディング機能を駆使して業務の自動化に成功する。もちろん対象とするのは，単純でロボットが設計しやすい業務だ。効果も大きく，誰の目にもRPAは効果があるのだな，と認められる。企画は大成功だ。

しかしである。多くはここではたと立ち止まることになってしまう。2体や3体のロボットならともかく，数十というロボットを設計し，導入すること，それを管理・運営することを考え始めると何もかもが新しい。体制はどうするのか。既存システムとの線引きは。ロボットの稼働に関する予算はどこが持つのか。そもそもこの活動の旗振りは誰がすべきか。ロボットを設計する際，運用する際に想定されるリスクは，エトセトラ，エトセトラ。

RPAはまだまだエマージングな概念であり，ソフトウェアであるがゆえにこうした方法論がデファクトスタンダードとして定まっていない。

そこでわれわれは，本書にわれわれが数多くのクライアント企業で実践し，研鑽してきた方法論を託すことにした。

第Ⅰ部に企画，導入，運用の方法論を，第Ⅱ部にはRPAの導入運用に潜在するリスクとその回避方法をまとめさせていただいた。本書を通じて，上述したような不安に対していくらかでも備えになれば幸いである。

また，ここで先進的なRPA利活用は次のステージに移りつつあることにも触れておきたい。RPAとAIの組み合わせによって，RPAが処理できる対象が広がること，AIの学習能力によってパターンを認識できることについては，人とロボットの協業，という形で本文でも述べた。一方，従来のRPA導入活動はどうしても既存業務の定型的な部分，それもボリュームが大きい部分を自動化するためにロボットを使うほうに

目が向いてきた。残業を減らすためにロボットを用いる，増え続ける業務量に対応するために自動化する。それ自体は正しい。ただ，そのベクトルで考え続けるとどうなるか。担当1人当たりの作業が減った後の世界，つまりRPA導入後の世界で，減った分の時間をどう使うか，で立ち止まってしまわないだろうか。

先進的な事例では「何を減らせるか」ではなく「今までできなかった何をするか」に着目する。忙しくてできなかったこと，やりたかったことは何があるか。現在の人手不足もあり，そこには大量の「やるべきだができなかったこと」がある。これをするための時間を作るのだ。無論RPAやAIといった技術を活用できるという前提で。

部分的に時間を創出するためにRPAを利用する，では限定的な効果しかもたらすことはできない。真の自動化の成果を得るためには，RPAやAIが活用できることを前提に，「今までできなかったこと」を「できるように業務を再設計」すべきである。これを可能ならしめる武器はもうあなたの近くに転がっているのだから。

本書をまとめるにあたって，巻末に挙げた執筆者とは別に，信田人，二村悠，森本丈也，竹ノ内勇太，皆川隆，一戸寿哉，板津勇太，長尾一平各氏には各章をまとめるにあたって多大な尽力をいただいた。日頃のコンサルティング活動で忙しいなかでの積極的な協力を感謝したい。また，リサーチや個別トピックの検討などに協力してくれた梅村千晶，溝口哲史，深瀬裕彬にも感謝の意を述べたい。

クライアント企業とKPMGコンサルティングはRPAという名が人口に膾炙する以前から自動化に取り組んできた。改革現場での実証実験から本格導入に至るまで尽くされてきた議論が本書に結実している。ともに真剣に現場に取り組み，汗をかいてきたクライアント企業に感謝する。

RPAは登場してから数年を経て，さまざまな希望を託され，そして

実はそれ以上に誤解されて真の価値を発揮できていない現場が数多く存在する。自動化の本質，および将来あるべき姿を正しく理解し，わがものとしている企業とそうでない企業の差は，遠からず明らかになるだろう。

　この，遠からず明暗が分かれる審判のときに，日本企業の皆様が勝利者となるべく本書がいくらかでもお役に立てれば幸いである。KPMGコンサルティングは真剣に価値を向上しようとしている企業をいつでも支援したく，その準備を日々整えている。

福島豊亮

〈執筆者一覧〉

浅沼　宏（あさぬま　ひろし）

KPMGコンサルティング株式会社　Internal Audit Risk & Compliance Services（IARCS）
パートナー
財務諸表監査に従事した後，会計システムの導入，ITリスク管理，リスクマネジメント等のコンサルティングサービスの提供に従事。主に製造業全般を中心として，エネルギー，不動産，物流，金融等のプロジェクトを幅広く担当。
現在，内部監査・リスクマネジメント・コンプライアンス等に係るサービスの提供をリードする。

山田　茂（やまだ　しげる）

KPMGコンサルティング株式会社　Internal Audit Risk & Compliance Services（IARCS）
ディレクター
公認情報システム監査人（CISA），システム監査技術者
IARCSにおいて，情報システムにかかわる内部監査の実施，内部統制の構築・評価にかかわる支援サービスを数多く担当。また，システムリスク管理，情報セキュリティ管理，プロジェクトリスク管理，事業継続管理にかかわる評価・アドバイザリーなど，ITリスクにかかわる支援業務に豊富な経験を有している。

福島　豊亮（ふくしま　とよすけ）

KPMGコンサルティング株式会社　Digital Labor & Transformation　ディレクター
外資総合コンサルティングファーム，外資会計系コンサルティングファームを経て現職。20年以上にわたり主に先端テクノロジーを活用した業務改革，サプライチェーン改革，コスト構造改革を中心にさまざまな業界のクライアントにサービスを提供。プロジェクトの企画，提案からデリバリーまで手広く手掛ける。近年は幅広い業種のクライアントに対してRPA，AIを活用したIntelligent Automationの導入を支援している。

塩野　拓（しおの　たく）

KPMGコンサルティング株式会社　Digital Labor & Transformation　ディレクター
国内メーカー企業，外資系ソフトウェア企業を経て現職。RPA（Robotic Process Automation）／AI／デジタルレイバー等次世代デジタル技術を活用した業務改革，ビジネス革新のサポート，デジタルトランスフォーメーションにおけるターゲットオペレーティングモデル（あるべき姿）構築等のコンサルティングサービスを提供。

〈編者紹介〉

KPMGコンサルティング株式会社

KPMGコンサルティングは，KPMGインターナショナルのメンバーファームとして，ビジネストランスフォーメーション（事業変革），テクノロジー，リスク＆コンプライアンスの3分野でサービスを提供するコンサルティングファームです。戦略，BPR，人事・組織，PMO，アウトソーシング，ガバナンス・リスク・コンプライアンス，ITなどの専門知識と豊富な経験を持つコンサルタントが在籍し，金融，保険，製造，自動車，製薬・ヘルスケア，エネルギー，情報通信・メディア，サービス，パブリックセクター等のインダストリーに対し，幅広いコンサルティングサービスを提供しています。

RPA導入ガイド
仕組み・推進・リスク管理

2019年4月25日　第1版第1刷発行
2019年6月30日　第1版第2刷発行

編　者	KPMGコンサルティング株式会社	
発行者	山　本　　　継	
発行所	㈱ 中 央 経 済 社	
発売元	㈱中央経済グループパブリッシング	

〒101-0051　東京都千代田区神田神保町1-31-2
電話　03（3293）3371（編集代表）
　　　03（3293）3381（営業代表）
http://www.chuokeizai.co.jp/
印刷／三英印刷㈱
製本／侑井上製本所

© 2019
Printed in Japan

＊頁の「欠落」や「順序違い」などがありましたらお取り替えいたしますので発売元までご送付ください。（送料小社負担）
ISBN978-4-502-30371-5　C3034

JCOPY〈出版者著作権管理機構委託出版物〉本書を無断で複写複製（コピー）することは，著作権法上の例外を除き，禁じられています。本書をコピーされる場合は事前に出版者著作権管理機構（JCOPY）の許諾を受けてください。
JCOPY〈http://www.jcopy.or.jp　eメール：info@jcopy.or.jp〉

― ■おすすめします■ ―

学生・ビジネスマンに好評
■最新の会計諸法規を収録■

新版 会計法規集

中央経済社編

会計学の学習・受験や経理実務に役立つことを目的に，最新の会計諸法規と企業会計基準委員会等が公表した会計基準を完全収録した法規集です。

《主要内容》

会計諸基準編＝企業会計原則／外貨建取引等会計処理基準／連結CF計算書等作成基準／研究開発費等会計基準／税効果会計基準／減損会計基準／自己株式会計基準／１株当たり当期純利益会計基準／役員賞与会計基準／純資産会計基準／株主資本等変動計算書会計基準／事業分離等会計基準／ストック・オプション会計基準／棚卸資産会計基準／金融商品会計基準／関連当事者会計基準／四半期会計基準／リース会計基準／工事契約会計基準／持分法会計基準／セグメント開示会計基準／資産除去債務会計基準／賃貸等不動産会計基準／企業結合会計基準／連結財務諸表会計基準／研究開発費等会計基準の一部改正／変更・誤謬の訂正会計基準／包括利益会計基準／退職給付会計基準／原価計算基準／監査基準／連続意見書　他

会 社 法 編＝会社法・施行令・施行規則／会社計算規則

金 商 法 編＝金融商品取引法・施行令／企業内容等開示府令／財務諸表等規則・ガイドライン／連結財務諸表規則・ガイドライン／四半期財務諸表等規則・ガイドライン／四半期連結財務諸表規則・ガイドライン　他

関 連 法 規 編＝税理士法／討議資料・財務会計の概念フレームワーク　他

■中央経済社■

■最新の監査諸基準・報告書・法令を収録■

監査法規集

中央経済社編

本法規集は，企業会計審議会より公表された監査基準をはじめとする諸基準，日本公認会計士協会より公表された各種監査基準委員会報告書・実務指針等，および関係法令等を体系的に整理して編集したものである。監査論の学習・研究用に，また公認会計士や企業等の監査実務に役立つ1冊。

《主要内容》
企業会計審議会編＝監査基準／不正リスク対応基準／中間監査基準／四半期レビュー基準／品質管理基準／保証業務の枠組みに関する意見書／内部統制基準・実施基準

会計士協会委員会報告編＝会則／倫理規則／監査事務所における品質管理 **《監査基準委員会報告書》** 監査報告書の体系・用語／総括的な目的／監査業務の品質管理／監査調書／監査における不正／監査における法令の検討／監査役等とのコミュニケーション／監査計画／重要な虚偽表示リスク／監査計画・実施の重要性／評価リスクに対する監査手続／虚偽表示の評価／監査証拠／特定項目の監査証拠／確認／分析的手続／監査サンプリング／見積りの監査／後発事象／継続企業／経営者確認書／専門家の利用／意見の形成と監査報告／除外事項付意見 他**《監査・保証実務委員会報告》**継続企業の開示／後発事象／会計方針の変更／内部統制監査／四半期レビュー実務指針／監査報告書の文例

関係法令編＝会社法・同施行規則・同計算規則／金商法・同施行令／監査証明府令・同ガイドライン／内部統制府令・同ガイドライン／公認会計士法・同施行令・同施行規則

法改正解釈指針編＝大会社等監査における単独監査の禁止／非監査証明業務／規制対象範囲／ローテーション／就職制限又は公認会計士・監査法人の業務制限

2018年1月1日現在の基準書・解釈指針を収める
IFRS財団公認日本語版！

IFRS® 基準 2018

IFRS財団 編　企業会計基準委員会
　　　　　　公益財団法人 財務会計基準機構　監訳

中央経済社刊　定価18,360円（分売はしておりません）　B5判・4240頁
ISBN978-4-502-27331-5

IFRS適用に必備の書！

●**唯一の公式日本語訳・最新版**　本書はIFRSの基準書全文を収録した **IFRS Standards 2018** の唯一の公式日本語翻訳。2010年3月決算より、国際財務報告基準（IFRS）の任意適用がスタートしたが、わが国におけるIFRS会計実務は、日本語版IFRSに準拠することとなっているので、**IFRS導入に向けた準備・学習には不可欠の一冊である。**

●**使いやすい3分冊**　2018年版から英語版の原書が3分冊となったため、日本語版もPART A・PART B・PART Cの3分冊の刊行となっている。各基準書の本文をPART Aに、「付属ガイダンス」、「実務記述書」をPART Bに、「結論の根拠」を、PART Cに収載している。

●**最新の基準と最新の翻訳**　保険契約（IFRS第17号）等を収録したほか、2018年1月1日までの基準・解釈指針の新設・改訂をすべて織り込む。また、とくに改訂がなかった基準も、より読みやすい日本語訳を目指して訳文を見直した。

ＩＦＲＳの参照に当たっては、つねに最新の日本語版をご覧ください。

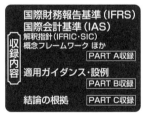

中央経済社
東京・神田神保町1
電話 03-3293-3381
FAX 03-3291-4437
http://www.chuokeizai.co.jp/

収録内容	
国際財務報告基準（IFRS） 国際会計基準（IAS） 解釈指針（IFRIC・SIC） 概念フレームワーク　ほか	PART A収録
適用ガイダンス・設例	PART B収録
結論の根拠	PART C収録

▶価格は税込みです。掲載書籍は中央経済社ホームページ http://www.chuokeizai.co.jp/ からもお求めいただけます。